ZAMKI W POLSCE

The Castles in Poland
Les Châteaux en Pologne
Burgen in Polen

Adam Bujak

ZAMKI W POLSCE

Tekst Anna Szczucka

Opracowanie graficzne
Wiktor Jędrzejec

Tłumaczyli:
na język angielski Jan Bajkowski,
francuski Tomasz Matkowski

Dyrektor wydawnictwa
Piotr Jegliński

ISBN 83-7115-000-8

Przetrwałe w polskim krajobrazie zamki oraz groźne ruiny dawnych twierdz nie sięgają dalej w głąb dziejów niż wiek XIII. Najstarsze murowane konstrukcje warowne zastosowano na Śląsku, przy umocnieniu opolskiego grodu w 1228 roku i książęcej rezydencji w Legnicy w pierwszej połowie tego stulecia. Za najstarszą tego rodzaju budowlę w Małopolsce uważa się wieżę obronną w grodzie Piekary nad Wisłą pod Krakowem, wzniesioną w 1246 roku.

W Polsce rodzime tradycje wznoszenia fortyfikacji drewnianych utrzymywały się przez całe średniowiecze.

Do rozpowszechnienia murowanego budownictwa szczególnie przyczynił się swą działalnością król Kazimierz Wielki. Współczesny mu kronikarz, Janko z Czarnkowa, przypisał temu władcy wzniesienie aż 35 zamków. Efekty starań króla musiały być ogromne, skoro jeszcze w XVI wieku Marcin Kromer pisał o Kazimierzu takie słowa: „... zasłużył sobie na przydomek wielkiego nie tyle męstwem wojennym i zwycięstwami, ile wspaniałymi czynami i przez obwarowanie licznych zamków i miast..."

Królowi polskiemu wtórował na Śląsku Bolko I świdnicki. Jako jeden z ostatnich potomków Władysława Wygnańca utrzymywał niezależność swej domeny i doprowadził do ogromnej rozbudowy jej systemu obronnego, którego ogniwami były między innymi zamki Książ i Bolków.

Od połowy XIV wieku powstawać zaczęły zamki fundowane przez przedstawicieli wyższego duchowieństwa, jak Uniejów, a także przez wyłaniające się z „rycerskiej braci" możne rody.

Do czasu pojawienia się broni palnej na przełomie XIV i XV wieku, wznoszono zamki według znanej od dawna zasady nadrzędnej roli obronnych cech miejsca. Trudno dostępne moczary, rozlewiska jezior na północnych rubieżach kraju stwarzały idealne warunki obronne dla osadzanych tam zamków. Przykładem takiego budownictwa jest rycerskie Tuczno, joannicki Łagów czy Liw książąt mazowieckich. Natomiast wysokie, trudno dostępne góry, skalne urwiska sprzyjały lokalizacji warowni wzdłuż południowej granicy. Znaczą ją do dziś Chojnik, Rytro, Niedzica oraz „orle gniazda" Jury Krakowsko-Częstochowskiej.

Mury obronne i wieże, od czasu ich rozpowszechnienia się w XIII wieku, ciągle były doskonalone. Zarówno te smukłe, jak i przysadziste „stołpy" pozwalały uzyskać jak najdalszy zasięg obrony przedpola zamku. Tak chętnie kopiowane w XIX wieku blanki i wykusze stanowiły doskonałą osłonę dla obrońców warowni. Znajdowali się oni na specjalnym ganku utworzonym u szczytu muru, na całej jego długości. Natomiast drewniane hurdycje (znane chociażby z dzisiejszego Olsztyna) lub murowane machikuły broniły przedpiersia muru. Wysunięte przed jego lico, pozwalały miotać kamienne pociski pionowo w dół przez specjalne otwory w dolnej swej części. Umożliwiały także odparcie przystawianych do murów drabin oblężniczych. Podobną rolę pełniły pojedyncze wykusze. W większych, rozbudowanych zamkach dodatkowymi elementami stały się baszty. Połączone z murami obwodowymi, ale wysunięte przed ich czoło, zapewniały flankującą obronę. Czerpiąc z tradycji budownictwa drewnianego, wzmacniano przedpola i fosy systemem ostrokołów, zapadni, wznoszono łatwo rozbieralne mosty.

Jan Długosz wspomina, że takie twierdze były prawie nie do zdobycia. Jedynie „wytrwałością" można było zmusić załogę do poddania się. Zamek w Bolesławcu dopiero po siedmiu latach oblężenia uznał siłę Władysława Jagiełły. Od początku XV wieku mury i wieże były zwykle podwyższane. Jednak wprowadzenie do oblężeń u schyłku XV wieku silnych długich dział z żelaznymi kulami i o dalszym zasięgu – wymusiło zmianę obwarowań: umocnienia ceglane, z blankami i machikułami, zastąpiono wałami ziemnymi. Zamiast baszt wprowadzono do obwodu murów przysadziste basteje, na których umiejscawiano stanowiska obronnej artylerii. Oprócz silnych dział na tarasach bastei, dysponowano także bronią palną do obrony skrzydłowej, która zastąpiła niemożliwą już prawie do zastosowania w nowej strategii i w zasadzie zbędną, obronę pionową ze szczytów murów.

Stworzenie z wysuniętych bastei systemu flankującego wszystkie proste odcinki murów, stało się punktem wyjścia dla układu bastionowego, o wiele doskonalszego i bardziej precyzyjnego, eliminującego martwe pola obrony. Bastion – wysunięty przed lico muru wielokąt, ostrym kątem skierowany w stronę spodziewanego ataku – był efektem skmplikowanych obliczeń inżynierów wojskowych, uwzględniających wszelkie możliwe parametry ciężkiej broni.

Pierwszym całkowicie zrealizowanym założeniem bastionowym na ziemiach dawnej Rzeczypospolitej był system obronny Radziwiłłowskiego Nieświeża z 1583 roku. Natomiast po połowie XVII wieku rezygnowano już w ogóle ze wznoszenia warownych rezydencji, tak bastejowych, jak i doskonalszych – bastionowych. Przyczynił się do tego głównie coraz głębszy upadek gospodarczy kraju, którego jednym ze skutków był „potop" szwedzki.

Odchodzenie od warownego budownictwa po doświadczeniach ze Szwedami – wiązało się z postępującą powoli zmianą stylu życia i systemu wartości uznawanych przez dawnych mieszkańców zamków. Dla wszystkich, od potężnych magnatów począwszy, na rycerstwie skończywszy – w zamkach zrobiło się za ciasno. Od połowy XVII w. zaczęto budować pałace.

Miejsca fos zajęły regularne, barwne ogrody. Kwiatami pokryto także bastionowe stanowiska dla ciężkich dział, jak w Łańcucie. Dekoracyjne formy stały się ozdobą fasad dworów obronnych i zamków, jak w Krasiczynie czy Baranowie Sandomierskim. Ale to już początek innej historii.

The history of the surviving castles, as well as their ruins that dot the Polish countryside, reaches back to the XIII century. The oldest brick fortresses are to be found in Silesia; one constructed in 1228 to strengthen the Opolski settlement; the other in Legnica, in the first half of that century and served as the Prince's Residence. In Małopolska the oldest construction of this type is considered to be the defense tower at Piekary on the Vistula River near Cracow and was raised in 1246.

The native tradition of building wooden fortifications lasted quite long in Poland. Evidence of this goes back as early as 3000 B.C. How highly developed and complicated this technique was, was demonstrated in Biskupin, where archeologists uncovered the ruins of a settlement. The castellan settlements presented themselves equally as grand in the first Piast Nation. King Kazimierz the Great was probably most instrumental in introducing brick construction. The chronicler, Tanko from Cracow, the King's contemporary, credited him with the construction of thirty five castles. One must admit, that the accomplishment of the King had to be quite impressive in order for Martin Kromer to have, already in the XVI century, written of the King: „... he deserves the title Great not so much for his bravery and victories, but for his incredible deeds in fortifying so many castles and cities..." The Polish King was immitated in Silesia by Bolko I of Świdnik. As one of the last descendents of Władysław the Banished, he received independence in his domain and created a defense system in which the castles at Książ and Bolków served. In the second half of the XIV century castles began to be built from the funds of high ranking clerics, such as the Uniates, as well as, by the emerging wealthy families from among the knight brotherhood.

Up until firearms appeared at the turn of the XIV and XV centuries, castles were built according to the old custom. Nature itself dictated the location of the ancient castrum. Difficult to enter swamplands, lake over-flows in the northern outskirts of the country created ideal defense conditions for the castles located there. Such were at Tuczno, Lagów or Liw which belonged to the Mazowian Princes. However, the high, difficult to approach mountainous areas ran along the southern border; Chojnik, Rytro, Niedzica and the „Eagles Nests in the Jurassic cliffs of the Cracow – Częstochowa region.

Within the surrounding walls, towers were built facing the side of attack or near the entry gate.

The tower at Bolkow is characteristic in that it is pointed in the direction of possible attack. Aside from the towers main function in time of danger, it also served as a point of observation. Often they had living quarters and the dungeons used as prisons.

The defense walls and towers, from the time of their propagation in the XIII century, were always perfect. The sleek, as well as, the stumpy structures allowed the castle to be well defended.

However, various constructions, within the walls themselves, such as battlements and bay windows, which were so enthusiastically copied in the XIX century, protected the defenders of the castle.

Turets also played an important role in that they protruded beyond the walls allowing the flanks to be covered.

Jan Długosz wrote that such fortresses were almost impregnable. Only perseverance can force the occupants to give up. Długosz further remarks that the castle in Bolesławiec surrendered to the forces of Władysław Jagiełło only after seven years of being under siege.

It was only during the building or expansion of castles and city walls in the XV century that new designs were searched after. However, the introduction of long powerful canons which shot steel balls, forced changes in the design. Earth embankments were constructed around the castle, as well as, bastions on which canons were placed. In this way the flanks and dead areas were protected. Engineers had to make quite complicated calculations so that all parts of the fortress were defendable. In the place of these embankments, which formed moats, now stand colorful gardens. The heavy artillary positions are covered with flowers, like at Łańcut. The decorative forms have become ornaments on the facades of the walls, such as in Krasiczyn and Baranów-Sandomierski. Many of the old fortresses, which did not comply with new values, were disassembled; so that it's even difficult to find a trace of them.

Translated into English by
Zbigniew Suszczyński

BARANÓW SANDOMIERSKI (woj. tarnobrzeskie). Renesansowa siedziba magnacka położona na nizinie nadwiślańskiej. Zespół zamkowy zbudowany w drugiej połowie XVI w. przez rodzinę Leszczyńskich składa się z murowanej czworobocznej rezydencji i umocnień bastionowych, zachowanych fragmentarycznie. W 1677 r. został zakupiony przez Lubomirskich, którzy dobudowali zachodni trakt zamku według projektu Tylmana z Gameren.

BARANÓW SANDOMIERSKI (Tarnobrzeg voi). The magnate's Renaissance residence is located on the plains of the Vistula river. It was built in the second half of the 16th century by the Leszczyński family. The castle's complex includes a square, brick residence and bastioned fortifications, today only partially preserved. After the Lubomirski family bought the castle in 1677, the western segment designed by Tylman of Gameren was added.

BARANÓW SANDOMIERSKI (voïvodie de Tarnobrzeg). Demeure Renaissance de magnats, située dans la plaine de la Vistule. Construit dans la deuxième moitié du XIVe siècle par la famille Leszczyński, l'ensemble du château se composait d'une résidence en maçonnerie en forme d'un quadrilatère et de fortifications avec bastions, dont certains fragments existent toujours. En 1677 il est acheté par la famille Lubomirski qui fit ajoutent la partie ouest selon un projet de Tylman de Gameren.

BARANÓW SANDOMIERSKI (Woiwodschaft Tarnobrzeg). Magnatenresidenz im Stil der Renaissance in der Weichselniederung. Die Schloßanlage wurde in der zweiten Hälfte des 16. Jahruhunderts durch die Familie Leszczyński erbaut. Sie besteht aus einer viereckigen Residenz und fragmentarisch erhaltenen Basteien. Im Jahre 1677 hat das Schloß die Familie Lubomirski erworben und den westlichen Trakt nach einem Entwurf von Tillman van Gameren ausbauen lassen.

BĘDZIN (woj. katowickie). Ruiny zamku królewskiego położonego na wysokim wzgórzu w północnej części miasta. Zamek został zbudowany w połowie XVI w. przez Kazimierza Wielkiego. Łączył się z murami obronnymi miasta. W końcu XVI w. popadał w ruinę. Po pożarze w 1616 r. odbudował go Andrzej Dębiński. Zniszczony i opuszczony w XVII i XVIII w. Odbudowany w 1834 r. z inicjatywy Banku Polskiego, według projektu Franciszka Marii Lanciego. Z tego okresu pochodzą istniejące do dziś blankowania wieńczące wieżę.

BĘDZIN (Katowice voi). Ruins of the royal castle, located on an exposed hill in the northern part of the city. The castle was built by Kazimierz Wielki in the mid-14th century, and was linked to the city's defence walls. At the turn of the 16th century, the castle was partially abandoned and was falling apart before Andrzej Dębiński rebuilt it after the fire of 1616. Once again, abandoned and devastated between the 16th and the 18th centuries, the castle was reconstructed in 1834, by the designer Franciszek Maria Lanci, under the auspices of the Bank of Poland. The battlement tower, which is still in existence, comes from that period.

BĘDZIN (voïvodie de Katowice). Ruines du château royal, situé sur une colline élevée dans la partie nord de la ville. Erigé vers la moitié du XIVe siècle par Casimir le Grand, il était relié aux fortifications de la ville. A la fin du XVIe siècle il était partiellement vide et tombait en ruines. Aprés l'incendie de 1616 il fut reconstruit par Andrzej Dębiński. Détruit et abandonné aux XVIIe et XVIIIe siécle, il fut reconstruit en 1834 grâce à l'initiative de la Banque Polonaise, d'aprés un projet de François Maria Lanci. De cette époque datent les créneaux qui couronnent la tour.

BĘDZIN (Woiwodschaft Katowice). Ruine einer königlichen Burg auf einem hohen Hügel im nördlichen Teil der Stadt. Sie wurde Mitte des 14. Jahrhunderts von Kasimir dem Großen erbaut und direkt mit der Stadtmauer verbunden. Ende des 16. Jahrhunderts war sie teilweise unbewohnt und begann zu verfallen. Nach dem Brand im Jahre 1616 hat Andrzej Dębinski sie wiederaufgebaut. Zerstört im 17. und 18. Jahrhundert, wurde sie im Jahre 1834 auf Anregung der Polnischen Bank nach einem Entwurf von Franciszek Maria Lanci wiederaufgebaut. Aus dieser Zeit stammen die bis jetzt erhaltenen Turmplanken.

BOBOLICE (woj. częstochowskie). Ruiny zamku królewskiego, następnie rycerskiego, położonego na skalistym wzgórzu Wyżyny Krakowsko-Częstochowskiej. Zbudowany został przez Kazimierza Wielkiego w połowie XIV w. Rozbudowany w XV i XVI w., kiedy stał się własnością Myszkowskich, a następnie Męcińskich.

BOBOLICE (Częstochowa voi). Ruins of the king's and the knight's castle, located on a rocky hill of the Jura Krakowsko-Częstochowska. It was built in the mid-14th century by Kazimierz Wielki. Expanded during the 15th and the 16th century, the castle was owned first by the Myszkowski, later by the Męciński family.

BOBOLICE (voïvodie de Częstochowa). Ruines du château royal qui devint ensuite château des chevaliers. Il est situé sur une colline rocheuse du Plateau de Cracovie-Częstochowa. Bâti par Casimir le Grand vers le milieu du XIVe, il fut agrandi au XVe et XVIe siècle, lorsqu'il devint la propriété des Myszkowski, et ensuite de Męciński.

BOBOLICE (Woiwodschaft Częstochowa). Ruine einer königlichen Burg, später Ritterschloß, auf einem Felsenhügel der Hochebene von Krakau-Tschenstochau. Sie wurde Mitte des 14. Jahrhunderts von Kasimir dem Großen erbaut und im 15. und 16. Jahrhundert durch die Familien Myszkowski und Męciński zu einem Ritterschloß ausgebaut.

BOLKÓW (woj. jeleniogórskie). Ruiny zamku książąt świdnicko-jaworskich położonego na prawym brzegu Nysy Szalonej. Prawodopodobnie zamek został założony w połowie XIII w. przez Bolesława Łysego, księcia legnickiego, a w końcu tego wieku rozbudowany przez syna księcia, Bolka I. Z tego okresu zachowała się wieża obronna z jedynym w Polsce, specjalnie ukształtowanym „ostrzem". Po wygaśnięciu tej linii Piastów zamek przeszedł na własność królów czeskich. W 1539–40 twierdzę rozbudowano pod kierunkiem Jakuba Parra.

BOLKÓW (Jelenia Góra voi). Ruins of the Świdnicko-Jaworski Prince castle, located on the right bank of the Nysa Szalona river. The castle was founded probably in the mid-13th century by Prince Bolesław Łysy of Legnica. By the end of the same century, the castle was further developed by his son, Prince Bolko I. The defence tower of that period shows a specially designed, sharply pointed „peak", the only one of its kind in Poland. After the extinction of this line of the Piast dynasty, the castle was acquired by the Czech kings. Between 1539 and 1540, the castle was developed under the supervision of Jakub Parr.

BOLKÓW (voïvodie de Jelenia Góra). Ruines du château des ducs de Świdnica-Jawor, situé sur la rive droite de la Nysa Szalona. Le château fut érigé au milieu du XIIIe siècle, probablement par Boleslas le Chauve, duc de Legnica, et vers la fin du siècle il fut agrandi par son fils Bolko Ier. Le beffroi de l'époque, avec une construction unique en Pologne, spécialement profilée, „en pointe" existe encore de nos jours. Après l'extinction de cette lignée des Piast, le château devint la propriété des rois de Bohème. Dans les années 1539–40 la forteresse fut agrandie sous la direction de Jacques Parr.

BOLKOBURG (Woiwodschaft Jelenia Góra). Ruine einer Burg der Herzoge von Schweidnitz und Jauer am rechten Ufer der Wütenden Neiße. Die Burg wurde vermutlich durch Boleslaus den Glatzköpfigen, Herzog von Liegnitz, in der Mitte des 13. Jahrhunderts angelegt und Ende desselben Jahrhunderts von seinem Sohn Bolko I. ausgebaut. Aus jener Zeit stammt ein Wehrturm mit einer selten aufgesetzten „Schneide". Nachdem dieser Zweig der Piasten ausgestorben war, fiel die Burg in die Hand der Könige. In Jahren 1539/40 wurde die Festung unter der Leitung von Jakub Parr ausgebaut.

BRODNICA (woj. toruńskie). Ruiny zamku krzyżackiego położonego na prawym brzegu Drwęcy. Murowany zamek powstał w pierwszej połowie XIV w. Istniejąca do dziś ośmioboczna wieża wznosiła się w północnym narożniku zamku właściwego, założonego na planie kwadratu. Na początku XV w. nowe obwarowania zaprojektował Mikołaj Fellenstein. Po pokoju toruńskim w 1466 r. Brodnicę przyłączono do Polski. Zamek stał się siedzibą starostów. Około 1616 r. na przedzamczu wzniesiono pałac dla Anny Wazówny. W 1787 r. Prusacy zniszczyli zamek oraz założenia warowne.

BRODNICA (Toruń voi). Ruins of the Teutonic Order's castle, located on the right bank of the Drwęca river. This castle was built in the first half of the 14th century. An octagonal tower which can still be seen today was located in the northern corner of the original castle, which was planned on a square pattern. New retrenchments were designed by Mikołaj Fellenstein at the beginning of the 15th century. After the Peace Treaty of Toruń in 1466, Brodnica was annexed to Poland. The castle became the Starost's residence. Around 1616, a palace was built on the castle's homestead for Anna Waza. The fortifications were destroyed in 1787 by the Prussians.

BRODNICA (voïvodie de Toruń). Ruines du château des chevaliers teutoniques, situé sur la rive droite de la Drwęca. Château a été, bâti dans la première moitié du XIVe siècle. La tour octagonale qui existe toujours, s'élevait dans l'angle nord du château principal, construit sur le plan d'un carré. Au début du XVe siècle Nicolas Fellenstein dessina de nouvelles fortifications. Après l'accord dit „Paix de Toruń", signé en 1466, Brodnica fut rattachée à la Pologne. Le château devint siège des starostes. Vers 1616, à proximité du château on édifia un palais pour Anne Vasa, la fille du couple royal. Les fortifications furent détruites par les Prussiens en 1787.

STRASBURG (Woiwodschaft Toruń). Ruine einer Burg des Deutschritterordens am rechten Ufer der Drewenz. Diese Ziegelsteinburg wurde in der ersten Hälfte des 14. Jahrhunderts. Der bis jetzt erhaltene oktagonale Turm befand sich in der nördlichen Ecke der quadratischen Hauptburg. Am Anfang des 15. Jahrhunderts wurde sie nach einem Entwurf von Nikolaus Fellenstein neu fortifiziert. Nach dem Friedensschluß in Thorn wurde die Stadt 1466 Polen angeschlossen und Sitz der Starosten. Um 1616 entstand auf dem Gelände der Vorburg eine Residenz für Anna Wasa. Die Befestigungsanlagen wurden im Jahre 1787 durch preußische Truppen zerstört.

BRZEG (woj. opolskie). Zamek książęcy położony niegdyś w obrębie fortyfikacji miejskich. Zbudowany prawdopodobnie w końcu XIII w., od 1311 do 1675 r. był rezydencją książęcą. Rozbudowany został w drugiej połowie XIV w., wtedy wzniesiono kolegiatę św. Jadwigi i nowy budynek mieszkalny. W XVI w. przebudowano go na rezydencję renesansową, z arkadowym dziedzińcem oraz wieżą bramną z bogatą dekoracją elewacji. Zamek opuszczony został po wygaśnięciu linii Piastów śląskich.

BRZEG (Opole voi). The prince's castle was originally located within the city's fortifications. Founded probably at the turn of the 13th century, from 1311 to 1675 the castle was a prince's residence. In the second half of the 14th century, during its expansion, St. Jadwiga Collegiate and a dwelling house were added. During the 16th century it was redesigned and changed into a Renaissance residence with an arcaded courtyard and a gate tower with richty decorated facade. After the Brzeg's line of the Silesian Piasts became extinct, the castle was abandoned.

BRZEG (voïvodie d'Opole). Château ducal, situé jadis à l'intérieur de l'enceinte des fortifications de la ville. Construit probablement à la fin du XIIIe, de 1311 à 1675 il fut la résidence des ducs. Agrandi dans la deuxième moitié du XIVe, il se vit ajouter la collégiale de Sainte Hedvige et un nouveau bâtiment d'habitation. Au XVIe il fut transformé en demeure Renaissance, avec une cour aux arcades et une tour-portail à la façade richement décorée. Il fut abandonné après l'extinction de la lignée de Brzeg de la dynastie des Piast Silésiens.

BRIEG (Woiwodschaft Opole). Herzogliches Schloß inmitten der städtischen Verteidigungsanlagen. Eine Burg stand hier vermutlich schon Ende des 13. Jahrhunderts. Von 1311 bis 1675 war sie herzogliche Residenz. In der zweiten Hälfte des 14. Jahrhunderts wurde sie ausgebaut. Zu dieser Zeit entstanden die Kollegiatkirche St. Hedwig und ein neues Wohngebäude. Im 16. Jahrhundert wurde die mittelalterliche Anlage zu einem Renaissanceschloß mit Arkadenhof umgebaut. Nach dem Tod des letzten Piasten blieb das Schloß unbewohnt.

BYTÓW (woj. słupskie). Zamek krzyżacki położony na wzniesieniu, w południowo-wschodniej części miasta. Został zbudowany pod kierunkiem Mikołaja Fellensteina w latach 1398–1406. Na trzech narożach prostokątnego założenia rozmieszczono cylindryczne wieże, dostosowane do walki przy użyciu broni palnej. Zdobyty na krótko przez Polaków po bitwie pod Grunwaldem w 1410 r. – do Krzyżaków należał do r. 1451. Król Kazimierz Jagiellończyk oddał go w lenno księciu pomorskiemu Erykowi II. W rękach książąt pomorskich był do 1637 r. Zniszczony przez wojska szwedzkie w 1656 r. – powoli chylił się ku upadkowi. Odbudowę zamku rozpoczęto jeszcze przed 1939 r., a ukończono po drugiej wojnie światowej.

BYTÓW (Słupsk voi). The Teutonic castle located on a hill in the south-eastern part of the city. It was built between 1398 and 1406 under the supervision of Mikołaj Fellenstein. Cylindrical towers, designed for the use of fire-arms, were located in the three corners of the rectangle-shaped structure. After the Battle of Tannenberg in 1410 it was conquered by the Poles for a short period of time. The castle remained in Teutonic hands until 1451. Later, the Polish King Kazimierz Jagiellończyk gave the castle to the Pomeranian Prince Eryk II whose family owned the castle until 1637. Devastated by the Swedish army in 1656, the castle was slowly falling into ruin until 1939 when the reconstruction began. The works were fininshed after Second World War.

BYTÓW (voïvodie de Słupsk). Château teutonique situé sur une colline dans la partie sud-est de la ville. Il fut construit sous la direction de Nicolas Fellenstein dans les années 1398–1406. Sur trois angles de la construction rectangulaire on a disposé des tours cylindriques, adaptées à l'usage des armes à feu. Conquis pour une brève période par les Polonais après la bataille de Tannenberg de 1410, il a appartenu aux chevaliers teutoniques jusqu'en 1451. Le roi Casimir Jagellon le céda en fief au prince poméranien Eric II. Il resta la propriété des princes poméraniens jusqu'en 1637. Détruit par les troupes suédoises en 1656, il tomba lentement en ruine. Sa reconstruction fut entreprise avant 1939 et terminée après la IIe guerre mondiale.

BÜTOW (Woiwodschaft Słupsk). Burg des Deutschritterordens auf einem Hügel im südöstlichen Teil der Stadt. Sie wurde in den Jahren 1398–1400 unter der Leitung von Nikolaus Fellenstein gebaut. In drei Ecken der viereckigen Anlage wurden Rundtürme gestellt, die schon für Feuerwaffen vorgesehen waren. Für kurze Zeit nach der Tannenberger Schlacht in polnischer Hand, gehörte sie bis 1451 dem Deutschritterorden. König Kasimir der Jagellone übertrug sie dem pommerschen Herzog Erich II. als Lehen. Im Besitz pommerscher Herzoge verblieb sie bis 1637. Durch schwedische Truppen zerstört, verfiel sie langsam. Ihr Wiederaufbau wurde noch vor 1939 begonnen und nach dem II. Weltkrieg beendet.

CIECHANÓW (m. wojewódzkie). Ruiny zamku książąt mazowieckich położonego wśród rozlewisk rzeki Ładyni. Murowana siedziba została wzniesiona w pierwszej połowie XV w. dla księcia Janusza I. Rozbudowana po pożarze w końcu tego stulecia dla Janusza II. Po włączeniu Mazowsza do Korony w 1526 r. zamek został podarowany królowej Bonie. Już w XVI w. warownia nie była w najlepszym stanie. Do dzisiaj zachowały się tylko mury obwodowe i dwie cylindryczne wieże.

CIECHANÓW (Ciechanów voi). Ruins of the castle of a Mazovian Prince located in the middle of the Ładynia river flood waters. The brick castle was built in the first half of the 15th century for Prince Janusz I. By the end of the same century, after a fire, the castle was enlarged for Prince Janusz II. In 1526, after the Crown's annexation of the Mazovian region, the castle was given to Queen Bona. Even in the 16th century the fortress was in a bad shape. Today, only the surrounding circular walls and two cylindric towers remain.

CIECHANÓW (chef-lieu de voïvodie). Ruines du château des princes de la Mazovie, situé sur le delta de la Ładynia. La partie en maçonnerie fut édifiée dans la première moitié du XVe siècle pour le prince Janusz Ier. Incendié à la fin du siècle, le château fut ensuite agrandi par Janusz II. Après le rattachement de la Mazovie à la Pologne en 1526, il fut offert à la reine Bona. Au XVIe siècle il n'était déjà plus en très bon état. Seules les murailles extérieures et deux tours cylindriques existent encore de nos jours.

CIECHANÓW (Woiwodschaftstadt). Ruine einer Burg der Herzoge von Masowien inmitten einer Flußlandschaft. Der gemauerte Sitz wurde für Janusz I. in der ersten Hälfte des 15. Jahrhunderts erbaut und nach einem Brand gegen Ende des Jahrhunderts für Janusz III. ausgebaut. Nach dem Anschluß von Masowien an die Krone wurde die Burg 1526 der Königin Bona geschenkt. Schon im 16. Jahrhundert war der Zustand der Feste beklagenswert. Bis heute blieben nur Ummauerungen und zwei Rundtürme erhalten.

CHĘCINY (woj. kieleckie). Ruiny zamku królewskiego położonego na wyniosłym wzgórzu przy drodze do Kielc. Zamek został wzniesiony w końcu XIII w. przez biskupa Jana Muskata, namiestnika króla czeskiego Wacława II. Od 1311 r. był w rękach polskich władców. Mieścił się tu nawet królewski skarbiec. Ceglane nadbudowy na wieżach pochodzą z czasów rozbudowy zamku dokonanej przez Kazimierza Wielkiego. W 1657 r. zamek zniszczyli Szwedzi. Odbudowany – dotrwał do końca XVIII w.

CHĘCINY (Kielce voievodeship). Ruins of the king's castle, located on an exposed hill near the road to Kielce. The castle was built at the turn of the 13th century by the deputy of the Czech King, Waclaw II. Since 1311, the castle belonged to the Polish rulers housing for a while even the King's Treasury. The tower's brick superstructure was added during the castle's expansion undertaken by King Kazimierz Wielki. In 1657, the Swedes destroyed the castle. Rebuilt later, the castle lasted until the end of the 18th century.

CHĘCINY (voïvodie de Kielce). Ruines du château royal situé sur une colline élevée près de la route de Kielce. Le château fut érigé vers la fin du XIIIe siècle par le régent du roi de Bohème Waclav II, l'évêque Jan Muskat. A partir de 1311 il se trouva aux mains des souverains polonais. Il abrita même le trésor royal. Les rehausses en briques sur les tours datent de l'agrandissement du château dû au roi Casimir le Grand. En 1657 le château fut détruit par les Suédois. Reconstruit, il exista jusqu'à la fin du XVIIIe siècle.

CHĘCINY (Woiwodschaft Kielce). Ruine einer königlichen Burg auf einem hohen Berg am Weg nach Kielce. Die Burg ist Ende des 13. Jahrhunderts durch den Statthalter des böhmischen Königs Wenzel II., Bischof Jan Muskat, erbaut worden. Ab 1311 befand sie sich in den Händen von polnischen Herrschern. Sie war sogar Aufbewahrungsort des königlichen Schatzes. Die Überbauten aus Ziegelsteinen auf den Türmen stammen aus der Zeit des Burgausbaus durch den polnischen König Kasimir den Großen. Im Jahre 1657 wurde die Festung durch schwedische Truppen zerstört. Nach dem Wiederaufbau existierte sie bis Ende des 18. Jahrhunderts.

CHOJNIK (woj. jeleniogórskie). Ruiny zamku położonego na wysokiej granitowej górze w pobliżu wsi Sobieszów. Zamek został wzniesiony w latach 1353–64 przez księcia świdnicko-jaworskiego, Bolka II, dla wzmocnienia granicy jego domeny z Czechami. Po wygaśnięciu tej linii Piastów zamek przeszedł na własność rodziny Schaffgotschów. Oni rozbudowali twierdzę w ciągu XV i XVI w., przekształcając wczesnośredniowieczną strażnicę w bastejowy zamek. Po pożarze w 1675 r. zamek został opuszczony i popadł w ruinę.

CHOJNIK (Jelenia Góra voi). Ruins of a castle, located on a high, granite mountain near the village of Sobieszów. The castle was erected between 1353 and 1364 by the Świdnicko-Jaworski Prince Bolek II, in order to secure his domain from the Czechs. After his line of the Piast dynasty became extinct, the castle was acquired by the Schaffgotsch family. It was transformed further during the 15th and 16th centuries into a bastion-type castle. After a fire in 1675, the castle was deserted and fell into ruin.

CHOJNIK (voïvodie de Jelenia Góra). Ruines du château situé sur une haute colline en granit, à proximité du village de Sobieszów. Le château fut érigé dans les années 1353–64 par le prince de Świdnica–Jawor, Bolko II, pour renforcer la frontière de son domaine du côte tchèque. Après l'extinction de cette lignée de la dynastie des Piast, le château devint la propriété de la famille Schaffgotsch, qui l'agrandit au cours du XVe et XVIe siècle, en transformant le beffroi qui datait des débuts du moyen-âge en un château fortifié. Après l'incendie de 1675 le château fut abandonné et tomba en ruine.

KYNAST (Woiwodschaft Jelenia Góra). Burgruine auf einem Granitberg in der Nähe von Hermsdorf. Ursprünglich wurde an dieser Stelle von Bolko II., dem Herzog von Schweidnitz-Jauer, eine Burg erbaut, um die Grenze zu Böhmen besser sichern zu können. Nachdem dieser Zweig der Piastenfamilie ausgestorben war, wurde sie Eigentum der Familie Schaffgotsch. Diese bauten die Burg im 15. und im 16. Jahrhundert aus und verwandelten die mittelalterliche Festung in ein Basteischloß. Nach dem Brand im Jahre 1675 ist sie verlassen worden und allmählich verfallen.

CZERSK (woj. warszawskie). Ruiny zamku książąt mazowieckich wzniesionego na wysokiej skarpie nadwiślańskiej. Jeszcze w XIV w. znajdowały się tam obwarowania drewniano-ziemne. Murowany zamek wzniósł prawdopodobnie Janusz I w końcu XIV w. Po przyłączeniu Mazowsza do Korony zamek stał się królewską własnością. Zniszczony przez wojska szwedzkie w 1656 r., został odbudowany w połowie XVIII w. za sprawą Franciszka Bielińskiego. Wówczas drewniany most zastąpiono murowanym, istniejącym do dziś.

CZERSK (Warsaw voi). Ruins of the Mazovian Prince castle, built on the high cliffs above the Vistula river. The timber retrenchments existed until the 14th century. By the end of the same century a brick castle was built, probably by Janusz I. After the annexation of the Mazovian region by the Crown, the castle became royal property. Destroyed in 1656 by the Swedish army, the castle was rebuilt in the mid-18th century by Franciszek Bieliński. The wooden bridge was replaced by a new brick construction which exists until today.

CZERSK (voïvodie de Varsovie). Ruines du château des ducs de Mazovie, érigé sur la berge de la Vistule. Au XIVe siècle il y avait encore des fortifications en bois et en terre. Le château en maçonnerie fut bâti probablement par Janusz Ier vers la fin du XIVe. Après le rattachement de la Mazovie à la Pologne, le château devint propriété du roi. Détruit par les troupes suédoises en 1656, il fut reconstruit vers le milieu du XVIIIe siècle grâce à Franciszek Bieliński. Le pont en bois fut alors remplacé par celui en maçonnerie qui existe encore de nos jours.

CZERSK (Woiwodschaft Warszawa). Ruine einer Burg der Herzoge von Masowien am hohen Weichselufer. Noch im 14. Jahrhundert befanden sich an dieser Stelle Befestigungen aus Holz und Erde. Die gemauerte Burg erbaute vermutlich Janusz I. gegen Ende des 14. Jahrhunderts. Nach Anschluß des Herzogtums von Masowien an die Krone wurde sie Eigentum der polnischen Könige. Im Jahre 1656 wurde sie durch schwedische Truppen zerstört und um Mitte des 18. Jahrhunderts von Franciszek Bieliński wiederaufgebaut. Zu dieser Zeit wurde die Holzbrücke durch eine gemauerte Konstruktion ersetzt, die bis heute besteht.

CZOCHA (woj. jeleniogórskie). Zamek położony na wysokiej granitowej skale nad rzeką Kwisą. Został wzniesiony w końcu XIII w. przez króla czeskiego Wacława II, jako twierdza nadgraniczna. Od połowy XV w. znajdował się w rękach rodziny von Nostitz, która w XVI w. znacznie go rozbudowała. Zniszczony przez pożar w końcu XIX w., został zrekonstruowany w latach 1901–14 pod kierunkiem Bodo Ebhardta.

CZOCHA (Jelenia Góra voi). A castle, located on a high, granite rock above the Kwisa river. It was constructed at the turn of the 13th century by the Czech King Wacław II to protect the borderline. The von Nostitz family who owned the castle since the mid-15th century expanded it. Destroyed by fire at the end of the 19th century, the castle was reconstructed between 1901 and 1914 under the supervision of Bodo Ebhardt.

CZOCHA (voïvodie de Jelenia Góra). Château situé sur une haute roche en granit, au dessus de la Kwisa. Il fut construit à la fin du XIIIe par le roi de Bohème Wacław II, pour être une forteresse frontalière. A partir du milieu du XVe il appartint à la famille von Nostitz, qui le fit agrandir considérablement au XVIe. Détruit par un incendie à la fin du XIXe, il fut reconstruit en 1901–14 par Bodo Ebhardt.

TZSCHOCHA (Woiwodschaft Jelenia Góra). Schloß auf einem hohen Granitfelsen an der Queis. Am Ende des 13. Jahrhunderts wurde vom böhmischen König Wenzel II. an dieser Stelle eine Grenzfestung gebaut. Sie befand sich seit Mitte des 15. Jahrhunderts im Besitz der Familie Nostitz. Durch einen Brand ist das Schloß Ende des 19. Jahrhunderts zerstört und in den Jahren 1901–1914 unter der Leitung von Bodo Ebhardt rekonstruiert worden.

DĘBNO (woj. tarnowskie). Zamek rycerski położony na niewielkim wzgórzu, otoczony niegdyś fosą. Wzniesiony prawdopodobnie w latach 1470–80 przez Jakuba Dębińskiego, kasztelana krakowskiego. Zbudowany na planie nieregularnego czworoboku, z wieżami narożnymi, jest przykładem rycerskiej siedziby w formie obronnego dworu.

DĘBNO (Tarnów voi). The knight's castle located on a small hill, surrounded in the past by a moat. It was built by the Kraków Castellan, Jakub Dębiński around 1470–80. Constructed in the shape of an irregular square, with corner towers, it is an example of a knight's residence built as a fortified mansion.

DĘBNO (voïvodie de Tarnów). Château féodal, situé sur une petite colline, autrefois entouré d'un fossé. Il fut bâti probablement dans les années 1470–80 par Jakub Dębiński, châtelain de Cracovie. Construit sur le plan d'un quadrilatère irrégulier, avec des tours d'angles, il est le modèle d'une demeure de chevaliers. Il a la forme d'un manoir fortifié.

DĘBNO (Woiwodschaft Tarnów). Ritterschloß auf einem kleinen Hügel, einst von einem Wassergraben umgeben. Es wurde vermutlich in den Jahren 1470–1480 von Jakub Dębiński, Kastellan von Krakau, als unregelmäßiges Viereck mit Ecktürmen erbaut. Es ist Beispiel eines Rittersitzes in Form eines befestigten Herrenhauses.

DRZEWICA (woj. radomskie). Ruiny zamku rycerskiego na prawym brzegu rzeki Drzewiczki. Zamek murowany wzniósł w pierwszej połowie XVI w. Maciej Drzewicki, arcybiskup gnieźnieński. W XVIII w. stanowił własność Sołtyków, a po nich – Szaniawskich. Ci ostatni umieścili w zamku klasztor bernardynek. W 1814 r. został spalony.

DRZEWICA (Radom voi). Ruins of the knight's castle, located on the right banks of the Drzewiczka river. In the first half of the 16th century, Gniezno's Archbishop Maciej Drzewiecki built a brick castle. In the 18th century, the castle belonged to the Sołtyk, then to the Szaniawski family. The latter owners gave the castle to the Bernardine Sisters for a convent. Burned down in 1814, the castle fell into ruin.

DRZEWICA (voïvodie de Radom). Ruines du château féodal situé sur la rive droite de la Drzewiczka. Le château en maçonnerie, construit dans la première moitié du XVIe siècle par Maciej Drzewiecki, archévêque de Gniezno. Au XVIIIe il fut la propriété des Sołtyk, et ensuite des Szaniawski. Ces derniers y situèrent le couvent des Bernardines. Incendié en 1814, il tomba en ruines.

DRZEWICA (Woiwodschaft Radom). Ruine eines Ritterschlosses am rechten Ufer des Flusses Drzewiczka. Das gemauerte Schloß wurde in der ersten Hälfte des 16. Jahrhunderts von Maciej Drzewiecki, Erzbischof von Gnesen, erbaut. Im 18. Jahrhundert gehörte es der Familie Sołtyk und danach der Familie Szaniawski. Letztere vermachten es den Bernhardinernonnen. Im Jahre 1814 brannte das Kloster ab.

GOŁUCHÓW (woj. kaliskie). Zamek rycerski położony nad rzeką Ciemną. Wzniesiony przez Rafała Leszczyńskiego jako dwór obronny, został rozbudowany na początku XVII w. przez Wacława Leszczyńskiego. W XIX w. zamek popadł w ruinę. Całkowicie restaurowany w latach 1872–85 przez Działyńskich na wzór renesansowych zamków francuskich.

GOŁUCHÓW (Kalisz voi). The knight's castle, located on the banks of the Ciemna river. It was built in the 16th century by Rafał Leszczyński as a defensive-type mansion. Expanded at the beginning of the 17th century, by the 19th century the castle had fallen into ruin. It was rebuilt between 1872 and 1885 by the Działyński family in the style of the French renaissance castle.

GOŁUCHÓW (voïvodie de Kalisz). Château des chevaliers, situé sur une rive de la Ciemna. Construit au XVIe siècle par Rafał Leszczyński comme manoir défensif. Agrandi au début du XVIIe. Au XIXe il tombe en ruine, mais fut reconstruit en 1872–85 par les Działyński, sur le modèle des châteaux français style renaissance.

GOŁUCHÓW (Woiwodschaft Kalisz). Ritterschloß am Fluß Ciemna. Die erste Anlage wurde im 16. Jahrhundert von Rafał Leszczyński als befestigtes Herrenhaus erbaut. Es wurde Anfang des 17. Jahrhunderts ausgebaut. Im 19. Jahrhundert verfiel es und ist in Jahren 1872–1885 von der Familie Działyński im Stil französischer Renaissanceschlösser wiederaufgebaut worden.

GNIEW (woj. gdańskie). Ruiny zamku krzyżackiego położonego na lewym brzegu Wisły. Zamek założony został w 1282 r., ale jego budowa trwała jeszcze wiele lat. Zespół warowny składał się z zamku głównego, znajdującego się do dziś w dobrym stanie, oraz rozległego przedzamcza. Dwukrotnie, w 1410 i 1454 r., zdobywany przez wojska polskie, przyłączony został do Polski w 1464 r., w czasie wojny trzynastoletniej. Król Jan III Sobieski zbudował na terenie przedzamcza nowy dom mieszkalny, który przeznaczył na swoją rezydencję. Po pierwszym rozbiorze Polski w 1772 r. zamek został zamieniony na koszary, a następnie na więzienie.

GNIEW (Gdańsk voi). Ruins of the Teutonic Order's castle, located on the left banks of the Vistula river. Building of the castle began in 1282 but the construction lasted for many years. The complex consisted of the main castle which is preserved in a good condition till today, and a specious homestead. Twice conquered by the Polish army (1410 and 1454) the castle was annexed to Poland in 1464, during the Thirteen Year War. On its homestead King Jan III Sobieski built a new residence for himself. After the first partition of Poland in 1772, the castle was changed first into army barracks then a prison.

GNIEW (voïvodie de Gdańsk). Ruines du château teutonique situé sur la rive gauche de la Vistule. Sa construction débuta en 1282 et dura de longues années. L'ensemble des fortifications se composait du château principal (resté en bon état jusqu'à nos jours), et d'une vaste basse-cour. Il fut occupé par les troupes polonaises en 1410 et 1454, puis rattaché à la Pologne en 1464, pendant la Guerre de Treize Ans. Le roi Jan III Sobieski se fit construire dans la basse-cour une nouvelle habitation dont il fit sa résidence. Après le Ie partage de la Pologne en 1772 le château fut transformé en caserne, et ensuite en prison.

MEWE (Woiwodschaft Gdańsk). Ruine einer Burg des Deutschritterordens am linken Weichselufer. Die Wehrburg wurde 1282 angelegt, doch währte der noch viele Jahre. Die Anlage bestand aus einer bis heute gut erhaltenen Hauptburg inmitten einer weitläufigen Vorburg. Zweimal wurde die Burg für kurze Zeit von polnischen Truppen erobert (1410 und 1454). Im Jahre 1464, während des Dreizehnjährigen Krieges, wurde sie Polen einverleibt. Auf dem Gelände der Vorburg wurde für Johann III. Sobieski ein Haus gebaut, das dem König als Residenz diente. Nach der ersten Teilung Polens richtete man in der Burg eine Kaserne ein, hinterher ein Gefängnis.

GOLUB-DOBRZYŃ (woj. toruńskie). Zamek krzyżacki położony na wysokiej skarpie nad rzeką Drwęcą, góruje nad Golubiem-Dobrzyniem. Wzniesiony został na przełomie XIII i XIV w. jako siedziba komtura. Na narożach elewacji frontowej usytuowano w początkach XV w. dwie cylindryczne wieże, dostosowane do użycia broni palnej. Zachowała się tylko jedna. Po pokoju toruńskim w 1466 r. stał się siedzibą starostów królewskich. W pierwszej połowie XVII w. został przebudowany w późnorenesansowym stylu na rezydencję dla królewny Anny Wazówny. Po pierwszym rozbiorze Polski w 1772 r. stopniowo popadł w ruinę. Rekonstruowany w latach sześćdziesiątych.

GOLUB-DOBRZYŃ (Toruń voi). The Teutonic castle located on a high cliff above the Drwęca river, overlooking the town of Golub-Dobrzyń. It was built as the Teutonic Commanders headquarters at the turn of the 13th century. Two cylindric towers designed for the use of fire-arms were erected at both ends of the front elevation at the beginning of the 15th century. Only one of these towers remains today. After the Treaty of Toruń in 1466, the castle became the royal Starost's residence. In the first half of the 17th century, it was reconstructed and changed into a late-Renaissance style residence for Queen Anna Waza. After the first partition of Poland in 1772 the castle slowly desintegrated. Some reconstruction was done during the 1960's.

GOLUB-DOBRZYŃ (voïvodie de Toruń). Château teutonique situé sur un talus en bordure de la Drwęca, il surplombe la ville de Golub-Dobrzyń. Erigé à la fin du XIIIe et au début du XIVe siècle pour être le siège du Grand Maître. Aux angles de l'élévation frontale on ajouta, au début du XVe siècle, deux tours cylindriques, adaptées à l'usage des armes à feu. Il n'en reste plus qu'une. Après le Traité de Toruń de 1466 le château devint le siège des starostes du roi. Pendant la première moitié du XVIIe il fut reconstruit et transformé dans le style renaissance tradive, pour devenir la résidence d'Anne Vasa. Après le premier partage de la Pologne en 1772, il tomba lentement en ruine et fut reconstruit dans les années soixante.

GOLLUB (Woiwodschaft Toruń). Schloß des Deutschritterordens am hohen Abhang der Drewenz, hoch über der Stadt Gollub-Dobrzyń. Es wurde an der Wende zum 14. Jahrhundert als Sitz einer Komturei erbaut. An den Ecken der Frontwand wurden zu Anfang des 15. Jahrhunderts zwei Rundtürme zum Gebrauch von Feuerwaffen errichtet. Erhalten blieb nur einer davon. Nach dem Friedensschluß in Thorn wurde es Sitz der Starosten. In der ersten Hälfte des 17. Jahrhunderts wurde es im Stil der Spätrenaissance zur Residenz der Kronprinzessin Anna Wasa umgebaut. Nach der ersten Teilung Polens im Jahre 1772 verfiel es allmählich und wurde in den sechziger Jahren des 20. Jahrhunderts rekonstruiert.

GRODZIEC (woj. legnickie). Ruiny zamku książęcego położonego na wysokiej, bazaltowej górze. Wzniesiony został w XV w. przez księcia legnickiego Fryderyka II. Rozbudowany w pierwszej połowie XVI w. Popadł w ruinę w XVIII w., po czym został zrekonstruowany pod kierunkiem Bodo Ebhardta w latach 1900–08. Dzisiaj ponownie w ruinie.

GRODZIEC (Legnica voi). Ruins of the prince's castle, located on a high, basalt mountain. Built in the 15th century by the Legnica Prince Fryderyk II, the castle was expanded in the first half of the 16th century. It fell into ruin during the 18th century but was reconstructed by Bodo Ebhardt between 1900 and 1908. Today, only ruins remain.

GRODZIEC (voïvodie de Legnica). Ruines du château ducal situé sur une haute montagne en basalte. Bâti au XVe par le duc de Legnica, Fryderyk II, puis agrandi à la première moitié du XVIe, il tomba en ruines au XVIIIe et fut reconstruit, dans les années 1900–08, par Bodo Ebhardt. Aujourd'hui il est de nouveau en ruines.

GRÖDITZ (Woiwodschaft Legnica). Ruine eines herzoglichen Schlosses auf einem hohen Basaltberg. Die Anlage wurde im 15. Jahrhundert vom Liegnitzer Herzog Friedrich II. errichtet und in der ersten Hälfte des 16. Jahrhunderts ausgebaut. Im 18. Jahrhundert verfiel das Schloß zur Ruine und wurde in den Jahren 1900–1908 unter Leitung von Bodo Ebhardt rekonstruiert. Zur Zeit ist es wieder verfallen.

KAMIENIEC ZĄBKOWICKI (woj. wałbrzyskie). Rezydencja książęca o charakterze twierdzy z basztami narożnymi i blankowanym zwieńczeniem murów powstała w latach 1838–67 według projektu Karola Fryderyka Schinkla. Zamek przeznaczony był dla pary książęcej: Marianny Orańskiej i Albrechta Hohenzollerna. Budowę przerwaną po ich rozwodzie ukończył syn. Całość uległa dewastacji po 1945 r.

KAMIENIEC ZĄBKOWICKI (Wałbrzych voi). A prince's residence built in the character of a fortress, with corner towers and battlemented walls. Designed by Karol Fryderyk Schinkel, the residence was constructed between 1838 and 1867 for the royal couple Marianna Orańska and Albrecht Hohenzollern. The construction works were interrupted after the couple's divorce. It was finished later by their son who also added an English style park. The residence was devastated after 1945.

KAMIENIEC ZĄBKOWICKI (voïvodie de Wałbrzych). Résidence ducale à caractère de forteresse avec tours d'angle et des murs crenelés. Erigé en 1838–67 d'après un projet de Karol Fryderyk Schinkel, le château devait être la résidence du couple princier Marianna Orańska et Albrecht Hohenzollern. La construction, interrompue après leur divorce, fut terminée par leur fils. C'est alors qu'on créa le jardin de style anglais. Le tout fut dévasté après 1945.

KAMENZ (Woiwodschaft Wałbrzych). Fürstliche Residenz im Stil einer Festung mit Eckbasteien und Plankenmauern. Das Schloß entstand in Jahren 1838–1867 nach einem Entwurf von Karl Friedrich Schinkel. Es war für die Prinzessin Marianne der Niederlande und Prinz Albrecht von Preußen vorgesehen. Der Bau wurde nach der Scheidung unterbrochen und erst vom Sohn beendet. Zu dieser Zeit entstand der Park im englischen Stil. Die Anlage wurde nach 1945 devastiert.

KRAKÓW-WAWEL. Zamek królewski położony na skalistym wzgórzu nadwiślanym w Krakowie. Od połowy XI w. do końca XVI w. był rezydencją książęcą i królewską. Pierwsze umocnienia wawelskiej siedziby zaczął wznosić Bolesław Wstydliwy w połowie XIII w. Jednak dość długo cały ciężar obrony wawelskiego wzgórza opierał się na systemie drewnianych obwarowań. Możliwe, że po pożarze w 1306 r. rozpoczęto budowę murowanych umocnień. Fortyfikacje przystosowane do użycia broni palnej kazał wznieść Władysław Jagiełło. Za czasów Kazimierza Jagiellończyka dodano od południa dwie wysokie wieże. Za panowania Zygmunta Starego nastąpiła rozbudowa siedziby królewskiej. Na wzgórzu stanął trójskrzydłowy renesansowy zamek z trzema kondygnacjami otwartych krużganków. Z czwartej strony zamykała dziedziniec ściana zwieńczona attyką. Nowy wystrój otrzymały także zamkowe wnętrza. Jednak znaczna ich część spłonęła podczas pożaru za czasów Zygmunta III Wazy. Po trzecim rozbiorze Polski Kraków włączony został do Austrii. Wawel zamieniono na koszary wojskowe, otrzymał wtedy nowe fortyfikacje. Wykupiony przez społeczeństwo w 1905 r. został poddany gruntownym pracom remontowo-konserwatorskim.

CRACOW-WAWEL. The royal castle, located in the city of Kraków, on a rocky hill above the Vistula river. It was the prince's and the king's residence from the mid-11th century until the end of the 16th century. Wawel's first brick fortifications were erected already in the mid-13th century by King Bolesław Wstydliwy. Still, for a relatively long period of time, its defence system relied on wooden retrenchments. The construction of brick enforcements began presumably after the fire in 1306. A defence system adapted to the use of fire-arms, was ordered by King Władysław Jagiełło. During the reign of Kazimierz Jagiellończyk, two high towers were added on the south side. A major expansion of the royal residence took place during the reign of Zygmunt Stary. A three-winged Renaissance castle with three levels of open galleries was built on the hill. The fourth side of the court was enclosed by a wall crowned with an attic. New interior decorating works were done in the castle as well. During the reign of Zygmunt III Waza a major portion of the interior was unfortunately destroyed in fire. After the third partition of Poland, Kraków was annexed to Austria. Wawel was turned into army barracks and new bastionned fortifications were

added. In 1905 the castle was purchased by the Polish people and underwent major conservation and reconstruction works.

CRACOVIE-WAWEL. Château royal, situé sur une colline rocheuse au bord de la Vistule, dans Cracovie. Dès le milieu du XIe siècle jusqu'à la fin du XVIe il fut la résidence des princes et des rois. Les premières fortifications en maçonnerie du Wawel furent bâties par Boleslas le Pudibond au milieu du XIIIe siècle. Cependant longtemps encore le poids de la défense du mont Wawel reposait sur un système de fortifications en bois. Il est probable que les remparts en maçonnerie debutèrent suite à l'incendie de 1306. Le roi Ladislas Jagellon fit construire des fortifications adaptées à l'usage des armes à feu. Au temps de Casimir Jagellon on ajouta deux hautes tours côté sud. Sous le règne de Sigismond le Vieux on reconstruisit la résidence royale. Sur la colline on bâtit un château renaissance à trois ailes, avec trois étages de galeries découvertes. Du quatrième côté la cour était fermée par une façade couronnée d'un attique. Les intérieurs du château reçurent, eux aussi, un décor nouveau. Cependant une grande partie de ceux-ci brûla lors d'un incendie au temps de Sigismond III Vasa. Après le troisième partage de la Pologne, Cracovie fut rattachée à l'Autriche. On transforma Wawel en casernes et y ajouta des fortifications avec bastions. Racheté par la nation polonaise en 1905 il a subi d'importants travaux de rénovation et de conservation.

KRAKAU-WAWEL. Königliches Schloß auf einem Felsenhügel an der Weichsel. Von der Mitte des 11. Jahrhunderts bis zum Ende des 16. Jahrhunderts königliche und herzogliche Residenz. Den Bau der ersten gemauerten Befestigungen begann Boleslaus der Keusche Mitte des 13. Jahrhunderts. Trotzdem beruhte das ganze Gewicht der Verteidigung des Hügels noch lange auf einem System hölzerner Verschanzungen. Vermutlich wurde erst nach dem Brand im Jahre 1306 der Bau gemauerter Befestigungen begonnen. Fortifikationen für den Gebrauch von Feuerwaffen ließ Ladislaus Jagello erbauen. Zu der Regierungszeit von Kasimir dem Jagellonen wurden zwei große Türme an der Südseite dazugegeben. König Sigismund der Alte ließ den königlichen Sitz ausbauen. Auf dem Hügel entstand ein dreiflügeliges Renaissanceschloß mit drei Stockwerken offener Kreuzgänge. Von der vierten Seite schloß den Hof eine mit Attiken gekrönte Wand. Eine neue Ausschmückung bekamen auch die Innenräume. Ein bedeutender Teil davon wurde jedoch infolge eines Brandes zur Zeit des Königs Sigismund III. Wasa zerstört. Nach der dritten Teilung Polens wurde Krakau an die österreichische Monarchie angeschlossen. Das Schloß wurde zur Kaserne verwandelt und bekam neue Basteifortifikationen. Durch die polnische Bevölkerung im Jahre 1905 abgekauft, wurde der Wawel gründlich renoviert.

KRASICZYN (woj. przemyskie). Rezydencja magnacka położona na prawym brzegu Sanu. Zamek wzniesiony został w XVI w. przez rodzinę Krasickich i pozostawał w ich rękach do 1689 r. Później zmieniał właścicieli. Od 1834 do 1945 r. był własnością Sapiehów. Zapoczątkowana w końcu XVI w. przebudowa zmieniła zamek bastejowy w manierystyczną rezydencję otoczoną malowniczym parkiem. Wtedy to basteje zostały podwyższone i otrzymały attyki. Jedną z baszt zamieniono na kaplicę i zwieńczono hełmem. Również mury kurtynowe otrzymały attykę. Elewacje zamku ozdobiły dekoracje sgraffitowe.

KRASICZYN (Przemyśl voi). A bastiontype magnate's residence, located on the right banks of the San river. It was built in the 16th century by the Krasicki family, who owned the castle until 1689. Later on, the ownership changed several times until 1834 when the Sapieha family purchased the castle. They owned the castle until 1945. At the end of the 16th century the reconstruction gradually changed the castle's character into the manneristic residence style. A picturesque park surrounds the castle today.

KRASICZYN (voïvodie de Przemyśl). Demeure seigneuriale bastionnée, située sur la rive droite du San. Le château fut bâti au XVIe siècle par la famille Krasicki. En 1689 il changea de propriétaires. De 1834 à 1945 il appartint à la famille Sapieha. A la fin du XVIe on commença la reconstruction du château bastionné, lui donnant ainsi un caractère inspiré du maniérisme. Le château est entouré d'un parc pittoresque.

KRASICZYN (Woiwodschaft Przemyśl). Magnatenresidenz am rechten Ufer des San. Das Schloß wurde im 16. Jahrhundert durch Familie Krasicki erbaut und blieb bis 1689 in ihrem Besitz. Später wechselte es die Besitzer. Von 1834 bis 1945 war es Eigen tum der Familie Sapiecha. Der Ende des 16. Jahrhunderts begonnene Umbau des Basteischlosses verlieh ihm den Charakter einer manieristischen Residenz, die von einem malerischen Park umgeben ist.

KSIĄŻ (woj. wałbrzyskie). Zamek książęcy, następnie rezydencja magnacka położona na wysokim wzgórzu w pobliżu Wałbrzycha. Wzniesiony w końcu XIII w. przez Bolka I, księcia świdnicko-jaworskiego. Mała warownia została przebudowana w XVI w., gdy zamek stał się własnością rodziny Hochbergów. W połowie XVII w. zburzono mury i wały twierdzy, nadając jej pałacowy charakter, a w miejscu założeń obronnych powstały tarasy i ogrody. W XVIII w. zamek otrzymał nowy, barokowy wystrój części frontowej, na początku XX w. eklektyczną elewację ogrodową. W czasie II wojny światowej prowadzone tu były prace adaptacyjne na kolejną kwaterę Hitlera. Książ jest największym ze śląskich zamków.

KSIĄŻ (Włabrzych voi). At first a prince's castle then a magnate's residence, Książ is located on an exposed hill near the city of Wałbrzych. Built at the turn of the 13th century by the Świdnicko-Jaworski Prince, Bolko I. This small fortress was reconstructed in the 16th century after it became the property of the Hochberg family. During the mid-17th century the walls and the embarkments were taken down and in their place terraces and gardens were installed. As a result, the castle acquired the character of a palace. In the 18th century the front façade was decorated in a baroque style. Later, at the beginning of the 20th century, the façade at the garden side was also decorated in an eclectic style. During World War II works were conducted in order to adapt the residence for the Hitler's headquarters. Książ is the biggest castle of the Silesia region.

KSIĄŻ (voïvodie de Wałbrzych). Château ducal, ensuite résidence des magnats, situé sur une haute colline aux environs de Wałbrzych. Construit à la fin du XIIIe par Bolko Ier, duc de Świdnica-Jawor, c'est une petite place forte, remaniée au XVIe, lorsque le château devint la propriété de la famille Hochberg. Au milieu du XVIIe les murs et les remparts furent supprimés ce qui donna à la forteresse l'aspect d'un palais. A la place des fortifications on fit des terrasses et des jardins. Au XVIIIe la château fut doté d'un nouveau décor, du style baroque, dans sa partie frontale, et au début du XXe d'une élévation éclectique côté jardin. Au temps de la IIe guerre mondiale on en commença l'amenagement afin d'en faire un quartier pour Hitler. Książ est le plus grand des châteaux silésiens.

FÜRSTENSTEIN (Woiwodschaft Wałbrzych). Herzogliche Burg, danach Magnatenschloß auf einem hohen Hügel in der Nähe von Waldenburg. Die Burg wurde Ende des 13. Jahrhunderts vom Herzog Bolko I. von Schweidnitz erbaut. Die kleine Festung wurde im 16. Jahrhundert umgebaut, als sie sich im Besitz von Familie Hochberg befand. Mitte des 17. Jahrhunderts wurden die Verteidigungsmauern und Schutzwälle des Schlosses abgetragen, wodurch es einen Palastcharakter erworben hat. An der Stelle des Verteidigungssystems wurden Terrassen und Gärten angelegt. Im 18. Jahrhundert bekam das Schloß eine neue Barockausschmückung der Vorderfassade und am Anfang des 20. Jahrhunderts eine Gartenfassade in eklektizistischem Stil. Während des II. Weltkrieges wurden im Schloß Adaptationsarbeiten für ein neues Quartier Hitlers durchgeführt. Fürstenstein ist das größte aller schlesischen Schlösser.

KWIDZYN (woj. elbląskie). Zamek kapituły pomezańskiej położony na wysokim wyniesieniu na prawym brzegu Wisły. Budowę murowanego zamku kapitulnego prowadzono w pierwszej połowie XIV w. Około 1343–55 od strony wschodniej dobudowano katedrę. Zamek ma obszerne podpiwniczenie. Od strony zachodniej pięcioprzęsłowy ganek prowadzi do dawnej wieży latrynowej, tzw. gdaniska. Po sekularyzacji diecezji pomezańskiej w zamku mieściły się pruskie urzędy. Częściowa rekonstrukcja miała miejsce w drugiej połowie XIX w.

KWIDZYN (Elbląd voi). The castle, which originally belonged to the Pomezanian Capitulary is located on an exposed hill, on the right banks of the Vistula river. The construction of a brick castle took place in the first half of the 14th century. Around 1345–55 a cathedral was added to the west side. The castle has an extensive cellar system and a five-span gallery which leads to the old latrine tower called „gdanisko". After the secularization of the Pomezanian diocese, the castle housed the Prussians administration offices. Partial reconstruction took place in the second half of the 19th century.

KWIDZYN (voïvodie d'Elbląg). Château du chapitre de la Pomézanie, situé sur un promontoire qui domina la rive droite de la Vistule. Sa construction en maçonnerie fut commencée dans la première moitié du XIVe siècle. Vers 1343–55 on y ajouta une cathédrale du côté est. Le château possède de vastes caves. Du côté ouest un balcon à cinq travées mène à l'ancienne tour des latrines, appelée „gdanisko". Après la sécularisation du diocèse de Pomézanie, le château abritait les bureaux de l'administration prussienne. Une reconstruction partielle eut lieu dans la deuxième moitié du XIXe.

MARIENWERDER (Woiwodschaft Elbląg). Schloß des Kapitels von Pommern auf einem hohen Hügel am rechten Weichselufer. Der Bau des Schlosses begann in der ersten Hälfte des 14. Jahrhunderts. Um 1343-1355 wurde an der Ostseite eine Domkirche angebaut. Das Schloß ist reich unterkellert. An der Westseite führt ein auf fünf Jochen ruhender Brückengang zu dem alten Latrinenturm. Nach der Säkularisierung der pommerschen Diözese diente es den preußischen Behörden als Amtssitz. Es ist in der zweiten Hälfte des 19. Jahrhunderts teilweise rekonstruiert worden.

LESKO (woj. krośnieńskie). Zamek rycerski położony nad brzegiem Sanu. Wzniesiony w XVI w. jako nowa siedziba rodu Kmitów. Miał bastejowy system fortyfikacji. Przebudowy w XIX w. zniszczyły jego charakter obronny.

LESKO (Krosno voi). The knight's castle, located on the banks of the San river. Founded in the 16th century as the new seat of the Kmita family, the castle had a bastion-type system of fortifications. Reconstructions conducted during the 19th century took away its defensive character.

LESKO (voïvodie de Krosno). Château des chevaliers, situé sur la rive du fleuve San. Construit au XVIe siècle pour être la nouvelle résidence de la famille Kmita. Doté d'un système de remparts avec bastions. Les modifications faites au XIXe lui ont ôté son caractère de château fort.

LESKO (Woiwodschaft Krosno). Ritterschloß am Ufer des San. Die Schloßanlage wurde im 16. Jahrhundert als neuer Sitz der Familie Kmita erbaut und war mit Basteien befestigt, die nur zum Teil erhalten blieben. Infolge der Umbauten im 19. Jahrhundert wurde der Verteidigungscharakter der Anlage völlig zerstört.

LIDZBARK WARMIŃSKI (woj. olsztyńskie). Dawna siedziba biskupów warmińskich położona w widłach rzek Łyny i Symsary. Zamek murowany wzniesiono w drugiej połowie XIV w. Składał się z dwóch części: zamku głównego, będącego siedzibą biskupa, i przedzamcza. Przystosowując warownię do obrony z użyciem broni palnej, wzniesiono w XV w. cylindryczną basztę w narożu przedzamcza. W 1466 r. zamek wraz z całą Warmią przyłączony został do Królestwa Polskiego, a ostatnim rezydującym tu biskupem był Ignacy Krasicki.

LIDZBARK WARMIŃSKI (Olsztyn voi). An old residence of the Warmia Bishops, located at the junction of the Łyna and Symsara rivers. A brick castle was built in the second half of the 14th century. It consisted of two parts: the main castle, with the Bishop residence, and a homestead. Constructed in the 15th century a cylindrical tower was located in the homestead's corner and was designed to defend the castle with fire-arms. Together with the rest of the Warmia region, the castle was annexed to the Kingdom of Poland in 1466. Ignacy Krasicki was the last bishop to reside in the castle.

LIDZBARK WARMIŃSKI (voïvodie de Olsztyn). Ancienne residence des évêques de Warmie, située au confluent des rivières Łyna et Symsara. Le château en maçonnerie fut construit dans la deuxième moitié du XIVe siècle. Il se composait de deux parties: le château principal, où residait l'évêque, et la basse-cour. En l'adaptant aux armes à feu, on érigea, au XVe siècle, une tour cylindrique dans l'angle du château bas. En 1466 le château, comme toute la Warmie, fut rattaché au Royaume Polonais, et le dernier des évêques qui y recut fut l'écrivain Ignacy Krasicki.

HEILSBERG (Woiwodschaft Olsztyn). Ehemaliger Sitz der Bischöfe von Ermland am Einfluß der Simse in die Alle. Das Heilsberger Schloß ist in der zweiten Hälfte des 14. Jahrhunderts entstanden. Der Wehrbau bestand aus der als Bischofsresidenz dienenden Hauptburg und der Vorburg. Für den Einsatz von Feuerwaffen wurde im 15. Jahrhundert eine Rundbastei in einer der Ecken der Vorburg errichtet. Im Jahre 1466 gelangte das Schloß mit ganz Ermland zu Polen. Der letzte hier residierende Bischof war Ignacy Krasicki.

LIPOWIEC (woj. katowickie). Ruiny zamku biskupiego położonego na wysokim wzgórzu, powyżej wsi Babice. Budowę zamku murowanego zapoczątkował biskup Jan Muskata. W pierwszej połowie XV w. został przebudowany przez biskupa Zbigniewa Oleśnickiego, a następnie, po pożarze w 1629 r., przez biskupa Jakuba Zadzika. Zamek był początkowo siedzibą administracji biskupiej, później więzieniem. Był częściowo zamieszkany do połowy XIX w., potem zupełnie opuszczony.

LIPOWIEC (Katowice voi). Ruins of the bishop's castle, located on an elevated hill overlooking the village of Babice. The construction of a brick castle was initiated by the bishop Jan Muskata. In the first half of the 15th century, bishop Zbigniew Oleśnicki rebuilt the castle for the first time. After the fire of 1629, bishop Jakub Zadzik rebuilt it once again. Initially, the castle was used as the bishop's administrative center. Later, it became a prison. Only partially occupied until the mid-19th century the castle was completely abandoned later.

LIPOWIEC (voïvodie de Katowice). Ruines du château épiscopal, situé sur une haute colline au dessus du village de Babice. L'évêque Jan Muskata commença la construction du château en maçonnerie. Celui-ci fut transformé dans la première moitié du XVe par l'évêque Zbigniew Oleśnicki et, après l'incendie de 1629, par l'évêque Jakub Zadzik. Il fut d'abord le siège de l'administration épiscopale, ensuite il servit de prison. Partiellement habité jusqu'au milieu du XIXe, il fut ensuite complètement abandonné.

LIPOWIEC (Woiwodschaft Katowice). Ruine eines Schlosses der Bischöfe auf einem hohen Hügel oberhalb vom Dorf Babice. Den Bau eines gemauerten Schlosses begann Bischof Jan Muskata. In der ersten Hälfte des 15. Jahrhunderts wurde es vom Bischof Zygmunt Oleśnicki bedeutend ausgebaut. Nach dem Brand im Jahre 1629 führte Bischof Jakob Zadzik die Arbeiten fort. Das Schloß war anfangs Sitz der bischöflichen Verwaltung. Danach befand sich hier ein Gefängnis. Es war teilweise bis zur Hälfte des 19. Jahrhunderts bewohnt und wurde dann völlig verlassen.

ŁAŃCUT (woj. rzeszowskie). Zamek magnacki położony na wschód od miasta. Zbudowany w pierwszej połowie XVII w. przez Stanisława Lubomirskiego. Zespół warowny składał się z murowanej rezydencji i fortyfikacji bastionowych na planie pięcioboku. Późniejsze przebudowy nie zmieniły zasadniczo pierwotnego założenia. Zamek jest przykładem bardzo dobrze zachowanej rezydencji obronnej typu „palazzo in fortezza".

ŁAŃCUT (Rzeszów voi). A bastionned magnate's residence located east of the city. Built by Stanisław Lubomirski in the first half of the 17th century the complex consisted of a brick residence and bastionned fortifications constructed on a pentagonal plan. Consecutive reconstructions did not change the residence's original design in a major way. The castle is a good example of a well preserved residence of the defensive, „palazzo in fortezza" type.

ŁAŃCUT (voïvodie de Rzeszów). Château féodal situé à l'est de la ville. Il fut construit dans la première moitié du XVIIe par Stanislas Lubomirski. L'ensemble de la forteresse se composait d'une résidence en maçonnerie et de fortifications bastionnées, sur un plan pentagonal. Les remaniements ultérieurs n'ont pas changé essentiellement le concept primitif. Le château est un exemple de résidence défensive de type „palazzo in fortezza" très bien conservée.

LANDSHUT (Woiwodschaft Rzeszów). Magnatenresidenz östlich der Stadt. Sie wurde in der ersten Hälfte des 17. Jahrhunderts von Stanisław Lubomirski erbaut und bestand aus der eigentlichen Residenz und auf fünfeckigem Grundriß angeordneten Basteien. Spätere Umbauten haben die ursprüngliche Anlage im wesentlichen nicht verändert. Das Schloß ist ideales Beispiel eines gut erhaltenen Wehrsitzes des Typs „palazzo in fortezza".

ŁĘCZYCA (woj. płockie). Zamek królewski położony w południowo-wschodnim narożu miasta, dawniej w obrębie jego systemu obronnego. Wybudowany przez Kazimierza Wielkiego, po zniszczeniu drewniano-ziemnego grodu podczas krzyżackiego najazdu w 1331 r. W XVI w. został przebudowany na siedzibę starostów królewskich. W połowie XIX w. zamek zaczął popadać w ruinę. Częściowo odbudowany po II wojnie światowej.

ŁĘCZYCA (Płock voi). Royal castle, located within the former defence system, in the south-western corner of the city. It was built by Kazimierz Wielki after the destruction of the timber fortress during the Teutonic incursion of 1331. In the 16th century, the castle was rebuilt and became the seat of the royal Starost. From the mid-19th century, the castle started to fall into ruin. It was partially rebuilt after World War II.

ŁĘCZYCA (voïvodie de Płock). Château royal, situé à l'angle sud-est de la ville, anciennement à l'intérieur de l'enceinte des murs. Il fut construit par Casimir le Grand, après la destruction de l'ancienne place forte en bois et terre lors de l'invasion teutonique de 1331. Au XVIe siècle il fut remanié afin de devenir le siège des starostes du rois. Au milieu du XIXe il commença à tomber en ruine. Il fut partiellement reconstruit après la IIe guerre mondiale.

ŁĘCZYCA (Woiwodschaft Płock). Königliche Burg am südöstlichen Rande der Stadt, früher innerhalb der Wehrmauern liegend. Die ursprüngliche Burganlage wurde von Kasimir dem Großen anstelle einer Befestigungsanlage aus Holz und Erdwällen erbaut, die während eines Angriffs des Deutschritterordens im Jahre 1331 zerstört worden war. Im 16. Jahrhundert wurde die Festung zum Sitz der königlichen Starosten umgebaut. Mitte des 19. Jahrhunderts begann der Verfall. Die Anlage wurde teilweise nach dem II. Weltkrieg wiederaufgebaut.

MALBORK (woj. elbląskie). Zamek krzyżacki położony na brzegu Nogatu, dawna siedziba wielkiego mistrza. Olbrzymi gotycki zespół architektoniczny, składający się z Zamku Wysokiego, Średniego i przedzamcza, wzniesiony został w kilku etapach. Szczególnie mocno rozbudowany po 1309 r., kiedy to stał się stolicą państwa zakonnego. Na przełomie XIV i XV w. otrzymał fortyfikacje przystosowane do użycia broni palnej. Pracami kierował znany budowniczy zamków krzyżackich Mikołaj Fellenstein. W roku 1457 przeszedł w ręce polskie stając się siedzibą starosty i rezydencją królewską. Dzisiejszy wygląd imponującego i unikalnego zespołu jest między innymi zasługą prac konserwatorsko-rekonstrukcyjnych prowadzonych w XIX w. przez Karola Fryderyka Schinkla i Konrada Steinbrechta.

MALBORK (Elbląg voi). The Teutonic castle located on the banks of the Nogat river, the former headquarters of the Order's Grand Master. This enormous, Gothic architectural complex which consists of the High castle, the Middle castle and a homestead, was built in stages. Particularly expanded after 1309, the castle became the capital of the Teutonic Order. At the turn of the 14th century, the castle acquired new fortifications designed for the use of fire-arms. Mikołaj Fellenstein, a well known designer of the Teutonic castles supervised the works. Since 1457, the castle was transferred to the Poles and became the Starost's and the king's residence. Today's impressive state of this unique complex results from the preservation and reconstruction works done by Karol Fryderyk Schinkel and Karol Steinbrecht during the 19th century.

MALBORK (voïvodie d'Elbląg). Château teutonique situé sur la rive de Nogat, ancien siège du Grand Maître de l'Ordre. C'est un enorme ensemble architectural composé du Château Moyen et d'une basse-cour construit en quelques étapes. Agrandi surtout après 1309, lorsque Malbork devint capitale de l'état teutonique. A la fin du XIVe et au début du XVe siècle on y ajouta des fortifications adaptées aux armes à feu. Les travaux furent dirigés par l'éminent constructeur des châteaux teutoniques, Nicolas Fellenstein. A partir de 1457 il appartint aux Polonais et devint siège du staroste et résidence royale. L'état actuel de cet imposant et unique ensemble est dû au mérite des travaux de conservation et de reconstruction, menés au XIXe siècle e. a., par Karol Fryderyk Schinkel et Konrad Steinbrecht.

MARIENBURG (Woiwodschaft Elbląg). Schloß der Hochmeister des Deutschen Ordens am Ufer der Nogat. Diese riesige gotische Anlage, bestehend aus Vorburg, Mittelschloß und Hochschloß, wurde in mehreren Etappen gebaut. Besonders stark wurde das Schloß nach 1309 ausgebaut, als es zur Hauptstadt des Ordenstaates erhoben wurde. Um die Wende zum 15. Jahrhundert wurde es mit einem an Feuerwaffen angepaßten Fortifikationsystem ausgestattet. Die Arbeiten leitete Nikolaus Fellenstein, ein berühmter Baumeister der Schlösser des Deutschritterordens. Seit 1457 befand sich das Schloß in polnischen Händen und wurde Sitz der Starosten und königliche Residenz. Der heutige Zustand dieser eindrucksvollen und einmaligen Anlage ist auch den Rekonstruktionen zu verdanken, die im 19. Jahrhundert unter Leitung u.a. von Karl Friedrich Schinkel und Konrad Steinbrecht durchgeführt wurden.

MIRÓW (woj. częstochowskie). Ruiny zamku rycerskiego położonego na skalistym wzgórzu Wyżyny Krakowsko-Częstochowskiej, skalnym grzbietem połączonego z zamkiem w Bobolicach. Pierwotnie stanowił nadgraniczną strażnicę państwa Kazimierza Wielkiego. Rozbudowywany był od końca XIV w. W drugiej połowie XIV w. stał się własnością rycerskiego rodu Lisów, a następnie Myszkowskich. Opuszczony w końcu XVIII w., popadł w ruinę. Według legendy miał połączenie z zamkiem w Bobolicach podziemnym przejściem.

MIRÓW (Częstochowa voi). Ruins of the king's castle, located on a rocky hill of the Jura Krakowsko-Częstochowska and connected by a mountain ridge with the neighbouring Bobolice castle. Originally it served as a borderline fortress protecting the kingdom of Kazimierz Wielki. From the end of the 14th century the castle was expanded by the knight's families of Lisowie and Myszkowscy. Abandoned at the end of the 18th century, the castle was reduced to ruin. According to a legend, the Mirów castle was connected with Bobolice by an underground passage leading through the mountain ridge.

MIRÓW (voïvodie de Częstochowa). Ruines du château des chevaliers, situé sur une colline rocheuse du Plateau de Cracovie-Częstochowa. Jadis il constituait le poste de garde frontalier de l'état de Casimir le Grand. Il fut agrandi dès la fin du XIVe. A partir de la deuxième moitié du XIVe il devint la propriété de la famille des Lis, et ensuite des Myszkowski. Abandonné à la fin du XVIIIe il tomba en ruine. Selon la légende, il était relié au château de Bobolice par un couloir souterrain, creusé dans la crête rocheuse.

MIRÓW (Woiwodschaft Częstochowa). Ruine einer Ritterburg auf einem Felsenhügel der Hochebene von Krakau-Tschenstochau, mit der Burg in Bobolice durch einen Felsenkamm verbunden. Ursprünglich diente sie als Grenzwarte des Königreichs von Kasimir dem Großen. Seit der zweiten Hälfte des 14. Jahrhunderts gehörte sie dem Rittergeschlecht Lis und danach der Familie Myszkowski. Ende des 18. Jahrhunderts verlassen, begann sie zu verfallen. Einer Legende nach soll sie mit der Burg in Bobolice durch einen unterirdischen Gang verbunden sein.

MIĘDZYRZECZ (woj. gorzowskie). Ruiny zamku królewskiego położonego w widłach rzeki Obry i Paklicy. Twierdza broniła pogranicza polsko-brandenburskiego. Murowany zamek, w miejscu grodu drewniano-ziemnego, pamiętającego pierwszych Piastów, wzniósł Kazimierz Wielki. W ciągu XV i na początku XVI w. zamek był wielokrotnie niszczony i remontowany. W XVI w. przeprowadzono modernizację systemu obronnego, wznosząc między innymi dwie basteje narożne. Jedna zachowała się do dziś.

MIĘDZYRZECZ (Gorzów voi). Ruins of the royal castle, located at the junction of the Obra and Paklica rivers. The castle defended the Polish borderland near Brandenburgia. The timber fortress dating from the time of the first Polish kings, the Piasts, was replaced by a brick castle by Kazimierz Wielki. During the 15th and the 16th century, the castle was damaged and reconstructed several times. In the 16th century the modernization of the whole defence system took place and included the construction of two bastion-type corner towers. Only one of them remains today.

MIĘDZYRZECZ (voïvodie de Gorzów). Ruines du château royal situé au confluent des rivières Obra et Paklica; le château défendait les confins de la Pologne du côté de Brandenbourg. Ce château en maçonnerie, fut érigé par Casimir le Grand à l'emplacement de l'ancienne place forte en bois et en terre datant des débuts de la dynastie des Piast. Au XVIe siècle on modernisa tout le système de défense, en construisant, e.a., deux bastions aux angles. De nos jours, il en reste encore un.

MESERITZ (Woiwodschaft Gorzów). Ruine einer königlichen Burg in der Gabelung der Flüsse Obra und Paklica. Diese Feste an der polnischen Grenze zu Brandenburg wurde von Kasimir dem Großen anstelle einer Befestigung aus Holz und Erde aus der Zeit der ersten Piastenherrscher gebaut. Im Verlauf des 15. Jahrhunderts und Anfang des 16. Jahrhunderts wurde die Burg mehrmalig zerstört und wiederaufgebaut. Im 16. Jahrhundert modernisierte man das Befestigungssystem unter anderem durch den Anbau von zwei Eckbasteien, von denen eine bis jetzt erhalten blieb.

MOSZNA (woj. opolskie). Pałac w stylu zamków angielskich otoczony parkiem. Wzniesiony w końcu XIX w. przez rodzinę von Tiele-Winckler. Wówczas też stworzono legendę, że na miejscu tym stał kiedyś zamek templariuszy.

MOSZNA (Opole voi). An English style palace surrounded by a park. Built at the turn of the 19th century it was the property of the von Tiele-Winckler family. According to a legend, the Templars castle existed on this site in the past.

MOSZNA (voïvodie d'Opole). Palais de style anglais, entouré d'un jardin. Construit à la fin du XIXe, il appartint à la famille von Tiele-Winckler. C'est alors qu'on y a ajouté la légende disant qu'á cet endroit se trouvait un château des templiers.

MOSZNA (Woiwodschaft Opole). Palast im Stil der englischen Schlösser in einem Park. Der Palast wurde Ende des 19. Jahrhunderts durch die bekannte Familie von Tiele–Winckler erbaut. Damals auch kam die Legende auf, daß sich früher an dieser Stelle eine Burg des Ordens der Tempelherren befand.

NIEDZICA (woj. nowosądeckie). Zamek rycerski na wysokiej górze na prawym brzegu Dunajca. Zamek murowany, zwany niegdyś Dunajcem, został wzniesiony przez rodzinę Berzeviczów. Znajdował się wówczas w granicach państwa węgierskiego. W 1410 r. wraz z miastami spiskimi został oddany w zastaw królowi polskiemu. Przebudowy dokonał na początku XVII w. Jerzy Horwath z Palocsy, obwarowując go fortyfikacjami bastejowymi. W rękach węgierskich rodów zamek niedzicki znajdował się do końca II wojny światowej.

NIEDZICA (Nowy Sącz voi). The knight's castle, located on a high mountain on the right bank of the Dunajec river. This brick castle was erected by the Hungarian family Berzevicz, in place of an earlier, wooden fortress. At the time, the area was within the Hungarian borders. In 1410, together with other Spisz region cities, the castle was pledged to the Polish king. A major reconstruction took place at the beginning of the 17th century, under Jerzy Horwath of Palocsa. The castle was surrounded by bastion-type fortifications. The Niedzica castle was owned by Hungarian families until the end of World War II.

NIEDZICA (voïvodie de Nowy Sącz) Château des chevaliers, situé sur une colline élevée, sur la rive droite du fleuve Dunajec. Ce château en pierres, nommé Dunajec, fut érigé par la famille hongroise Berzeviczy, à l'endroit où jadis se trouvait une ancienne place forte en bois et terre. Il se trouvait, alors, sur le territoire de l'état hongrois. En 1410, avec les villes de Spisz, il fut donné en garantie au roi polonais. Il fut remanié considérablement au début du XVIIe siècle par Jerzy Horwath de Palocsa, qui l'a ceint de murs fortifiés. Ce château est resté la propriété des familles hongroises jusqu'à la fin de la IIe guerre mondiale.

NIEDZICA (Woiwodschaft Nowy Sącz). Ritterburg auf einem hohen Berg am rechten Ufer des Flusses Dunajec. Als gemauerte Burg, Dunajec genannt, wurde sie anstelle einer hölzernen Wehrburg von der ungarischen Familie Berzewiczy errichtet. Sie befand sich damals in den Grenzen des ungarischen Staates. Im Jahre 1410 wurde sie gemeinsam mit den Zipser Städten dem polnischen König als Pfand übergeben. Ein bedeutender Umbau der Burg wurde im 17. Jahrhundert von Georg Horwath von Polocsy unternommen, der sie mit Basteien befestigen ließ. Die Anlage befand sich im Besitz ungarischer Familien bis zum Ende des II. Weltkrieges.

ODRZYKOŃ (woj. krośnieńskie). Ruiny zamku rycerskiego, zwanego Kamieńcem. Wzniesiony został w połowie XIV w., a rozbudowany po 1390 r. przez Klemensa z Moskorzewa. Od XVI w. utrzymywał się podział zamku na dwie części, będące w posiadaniu różnych rodzin. W XIX w. zamek średni wraz z przedzamczem wschodnim należał do Fredrów. Stąd Aleksander Fredro znał jego dzieje. Stały się one inspiracją do napisania „Zemsty".

ODRZYKOŃ (Krosno voi). Ruins of the knight's castle, called „Kamieniec". First built in the 14th century, the castle was expanded by Klemens of Moskorzew in 1390. From the 16th century the castle was shared by two families. In the 19th century, the middle castle, together with its eastern approaches belonged to the Fredro family. Aleksander Fredro, a famous Polish comedy writer inspired by the castle's history, wrote a play titled „Zemsta" („Revenge").

ODRZYKOŃ (voïvodie de Krosno). Ruines du château des chevaliers, nommé Kamieniec. Il fut construit au milieu de XIVe et agrandi après 1390 par Clément de Moskorzew. A partir du XVIe il devint la proprieté de deux familles qui en habitèrent chacune une partie. Au XIXe le Château Moyen et le château-avance appartenait à la famille Fredro. L'écrivain Aleksander Fredro en conaissait l'histoire et s'en est inspiré pour sa célèbre comédie „La vengeance".

ODRZYKOŃ (Woiwodschaft Krosno). Ritterburg, Kamieniec genannt. Sie wurde Mitte des 14. Jahrhunderts erbaut und nach 1390 von Klemens Moskorzew ausgebaut. Seit dem 16. Jahrhundert je zur Hälfte im Besitz zweier Familien. Im 19. Jahrhundert gehörten die Mittelburg und die Vorburg zur Familie des Komödienschreibers Fredro.

OGRODZIENIEC (woj. katowickie). Ruiny zamku rycerskiego położonego na łagodnym wzgórzu Jury Krakowsko-Częstochowskiej. Wzniesiony przez rodzinę Włodków Sulimczyków stanowił ich siedzibę rodową do 1470 r., kiedy to zamek kupili mieszczanie krakowscy Salomonowicze. W pierwszej połowie XVI w. zamek należał do Bonerów, którzy średniowieczną warownię przebudowali na renesansową rezydencję. Dwukrotnie niszczony przez Szwedów, w 1655 i 1702, w ruinę popadł w XIX w.

OGRODZIENIEC (Katowice voi). Ruins of the knight's castle, located on a small hill of the Jura Krakowsko-Częstochowska. Erected by Włodek Sulimczyk, the castle served as his family seat until 1470 when the Salomonowicz family, Kraków burghers, purchased the castle. In the first half of the 16th century, the next owners, the Boner family, rebuilt the medieval castle changing it into a Renaissance residence. Twice destroyed by the Swedes in 1655 and 1702, the complex fell into ruin in the 19th century.

OGRODZIENIEC (voïvodie de Katowice). Ruines du château féodal situé sur une douce colline du Jura de Cracovie-Częstochowa. Construit par la famille des Włodek Sulimczyk, il fut leur demeure familiale jusqu'en 1470, date à laquelle les Salmonowicz, une famille bourgeoise de Cracovie, l'achetèrent. Pendant la première moitié du XVIe le château appartint à la famille Boner, qui transforma la forteresse médiévale en une demeure Renaissance. Il tomba en ruines au XIXe siècle.

OGRODZIENIEC (Woiwodschaft Katowice). Ruine eines ritterlichen Schlosses auf einem sanften Hügel des Jura von Krakau-Tschenstochau. Ursprünglich wurde hier eine Burg durch die Familie Włodek (Wappen Sulima) als Familiensitz gebaut. Bis zum Jahre 1470 in ihrem Besitz, wurde sie danach der Krakauer Bürgerfamilie Salomonowicz verkauft. In der ersten Hälfte des 16. Jahrhunderts gehörte die Burg der Familie Bonner, die diese mittelalterliche Festung zu einem Renaissanceschloß umgebaut hat. Es wurde zweimal, 1655 und 1702, durch schwedische Truppen zerstört und verfiel im 19. Jahrhundert.

OJCÓW (woj. krakowskie). Ruiny zamku królewskiego na skalnym wzgórzu doliny Prądnika. Zbudowany przez Kazimierza Wielkiego, stanowił siedzibę starostów do XVIII w. Ostatnim polskim starostą był Teofil Załuski, który podejmował na zamku króla Stanisława Augusta.

OJCÓW (Kraków voi). The royal castle, located on a rocky hill in the Prądnik Valley. Built by Kazimierz Wielki, the castle served as the Starost's residence until the 18th century. The last Polish Starost, Teofil Załuski, hosted there Stanisław August Poniatowski, the last king of Poland.

OJCÓW (voïvodie de Cracovie). Ruines du château royal situé sur une colline rocheuse de la vallée du Prądnik. Bâti par Casimir le Grand, il fut le siège des starostes jusqu'au XVIIIe. C'est le dernier staroste polonais, Teofil Załuski, qui accueillit au château le roi Stanislas Auguste.

OJCÓW (Woiwodschaft Kraków). Ruine einer königlichen Burg auf einem Felsenhügel des Prądnik-Tales. Die Burg wurde von Kasimir dem Großen gebaut und war bis zum 18. Jahrhundert Sitz der Starosten. Der letzte polnische Starost Teofil Zaruski empfing hier den König Stanislaus August Poniatowski.

OLEŚNICA (woj. wrocławskie). Zamek książęcy położony na niewielkim sztucznym wzniesieniu, w południowo-zachodniej części miasta, połączony niegdyś z jego fortyfikacjami. Zbudowany w pierwszej połowie XIV w. dla książąt oleśnickich. Po wygaśnięciu tej linii Piastów w 1492 r. stał się własnością króla czeskiego Jana z Podiebradu. W XVI w. średniowieczny zamek przebudowano na renesansową rezydencję. W XIX w. zamek stał się własnością pruskiej rodziny panującej.

OLEŚNICA (Wrocław voi). The prince's castle, located on a small, man-made hill in the south-western part of the city, was in the past connected to the city fortifications. It was built in the first half of the 14th century for the Prince Oleśnicki. After this line of the Piasts became extinct, in 1492 the castle became the property of the Czech King, Jan of Podiebrad. In the 16th century the medieval castle was reconstructed and changed into a Renaissance residence. In the 19th century the ruling Prussian family became its new owner.

OLEŚNICA (voïvodie de Wrocław). Château ducal situé sur une petite colline artificielle, dans la partie sud-ouest de la ville. Il était relié autrefois aux fortifications de celle-ci. Il fut construit dans la première moitié du XIVe par les ducs d'Oleśnica. Après l'extinction de cette lignée des Piast en 1492 il devint la propriété du roi de Bohème Jan de Podiebrad. Au XVIe siècle le château médiéval fut transformé en demeure Renaissance. Au XIXe il devint la propriété de la famille des rois de Prusse.

OELS (Woiwodschaft Wrocław). Herzogliches Schloß auf einem kleinen künstlichen Hügel im südwestlichen Teil der Stadt, ursprünglich mit den Verteidigungsanlagen verbunden. Die mittelalterliche Burg wurde in der ersten Hälfte des 14. Jahrhunderts für die Herzoge von Oels gebaut. Nachdem dieser Zweig der Piastenfamilie ausgestorben war, kam sie in den Besitz des böhmischen Königs Johann von Podebrad. Im 16. Jahrhundert wurde die mittelalterliche Burganlage zu einem Renaissanceschloß umgebaut. Im 19. Jahrhundert gelangte es in den Besitz der preußischen Herrscherfamilie.

OLSZTYN (m. wojewódzkie). Zamek kapituły warmińskiej położony na prawym brzegu Łyny, połączony niegdyś z miejskimi fortyfikacjami. Budowany był, tak jak i miasto, w drugiej połowie XIV w. Już na przełomie XIV i XV w. jego system obronny przystosowano do walki z użyciem broni palnej. Od pokoju toruńskiego w 1466 r. wraz z całą Warmią znalazł się w polskich rękach. Administratorem zamku w latach 1516–21 był Mikołaj Kopernik. Od połowy XIX w. systematycznie niszczono mury obronne warowni.

OLSZTYN (Olsztyn voi). The Warmia Capitulary castle is located on the right banks of the Łyna river. In the past, the castle was connected to the city's fortifications. It was built, together with the city, in the second half of the 14th century. Already, at the turn of the 14th century, its defence system was adapted for fire-arms use. The castle was under Polish authority, together with the Warmia region, after the Treaty of Toruń in 1466. Nicolas Copernicus administered the castle between 1516 and 1521. During the 19th century, the castle defence was systematically destroyed.

OLSZTYN (chef-lieu de voïvodie). Château capitulaire de Warmie, situé sur la rive droite de la Łyna, relié autrefois aux fortifications de la ville. Il fut construit, comme la ville, à la deuxième moitié du XIVe siècle. Déjà entre le XIVe et XVe siècle son système de défense fut adapté aux armes à feu. Au Traité de Toruń en 1466 il se trouva comme toute la Warmie, sous l'autoirité polonaise. Dans les années 1516–21 Nicolas Copernic en fut l'administrateur. Au XIXe le système des fortifications fut systématiquement détruit.

ALLENSTEIN (Woiwodschaftsstadt). Schloß der Deutschen Hochmeister an der rechten Seite der Alle; einst Teil des städtischen Festungswerks. Es entstand zusammen mit der Stadt in der zweiten Hälfte des 14. Jahrhunderts. Schon um die Wende zum 15. Jahrhundert wurde es an den Einsatz von Feuerwaffen angepaßt. Nach dem Friedensschluß in Thorn im Jahre 1466 gelangte es mit dem gesamten Ermland in polnische Hand. Von 1516–1521 verwaltete Nikolaus Kopernikus das Allensteiner Schloß. Im 19. Jahrhundert wurde das Verteidigungssystem systematisch abgetragen.

OLSZTYN (woj. częstochowskie). Ruiny zamku królewskiego położonego na skalistym wzgórzu Jury Krakowsko-Częstochowskiej. Zamek wzniósł w połowie XIV w. Kazimierz Wielki. W XVI w. został znacznie rozbudowany przez starostę Piotra Opalińskiego. Zamek był bezskutecznie oblegany przez arcyksięcia Maksymiliana w czasie walk o tron polski. Zdobyty dopiero przez Szwedów w 1656 r. Od tego czasu popadał w ruinę.

OLSZTYN (Częstochowa voi). Ruins of the king's castle located on a rocky hill of the Jura Krakowsko-Częstochowska. Erected in the mid-14th century by Kazimierz Wielki, the castle was expanded during the 16th century by the Starost, Piotr Opaliński. It was unsuccessfully besieged by the Archduke Maximillian during his battle for the Polish throne. Conquered by the Swedes in 1656, the castle has been in ruin ever since.

OLSZTYN (voïvodie de Częstochowa). Ruines du château royal situé sur une colline rocheuse du Jura de Cracovie-Częstochowa. Il fut bâti au milieu du XIVe par Casimir le Grand et agrandi considérablement au XVIe par le staroste Piotr Opaliński. L'archiduc Maximilien l'assiegea vainement lors des luttes pour le trône polonais. Il fut pris seulement par les Suédois en 1656. Depuis, il tombe en ruine.

OLSZTYN (Woiwodschaft Częstochowa). Ruine einer königlichen Burg auf einem Felsenhügel des Krakauer Jura. Die Burganlage wurde Mitte des 14. Jahrhunderts von Kasimir dem Großen errichtet und im 16. Jahrhundert vom Starosten Piotr Opaliński beträchtlich ausgebaut. Die Burg wurde erfolglos vom Erzherzog Maximilian während der Kämpfe um den polnischen Thron belagert und erst durch schwedische Truppen im Jahre 1656 erobert. Seit dieser Zeit verfiel sie allmöhlich und besteht heute nur noch als Ruine.

OPORÓW (woj. płockie). Zamek rycerski położony na otoczonej wałem kępie. Zbudowany prawdopodobnie w latach 1434–49 przez Władysława Oporowskiego, biskupa kujawskiego. Po jego śmierci stał się własnością brata, Piotra Oporowskiego. Do połowy XVII w. należał do tej rodziny, a następnie kolejno do Sołłohubów, Korzeniowskich, Pociejów i Oborskich. W XIX w. znalazł się w rękach Orsettich, wtedy otrzymał neogotycki wystrój zewnętrzny i otoczony został malowniczym parkiem. Był zamieszkany do 1945 r.

OPORÓW (Płock voi). The knight's castle, located on a holm surrounded by an embarkment. Built by the Kujawy region's bishop, Władysław Oporowski, between 1434 and 1449. After his death, his brother, Piotr Oporowski became the new owner. The castle belonged to this family until the mid-17th century. Later, the families of Sołłohub, Korzeniowski, Pociej and Oborski owned the castle for periods of time. The residence acquired its neo-gothic exterior and a picturesque park in the 19th century, while owned by the Orsetti family. It was occupied until 1945.

OPORÓW (voïvodie de Płock). Château des chevaliers, situé sur une motte entourée de remparts en terre. Construit probablement dans les années 1434–49 par Władysław Oporowski, évêque de Kujawy. Après la mort de celui-ci il devint la propriété de son frère, Piotr Oporowski. Jusqu'au milieu du XVIIe il apartint à cette famille, ensuite tour à tour aux Sołłohub, Korzeniowski, Pociej et Oborski. Au XIXe, propriété des Orsetti, il reçut un décor extérieur néogothique et il fut entouré d'un parc pittoresque. Habité jusqu'en 1945.

OPORÓW (Woiwodschaft Płock). Ritterschloß auf einem mit Schutzwällen umgebenem Werder. Es wurde vermutlich in den Jahren 1434–1449 von Władysław Oporowski, Bischof von Kujawien, gebaut. Nach seinem Tode gehörte es seinem Bruder Piotr Oporowski und blieb im Besitz dieser Familie bis Mitte des 17. Jahrhunderts. Danach gehörte es den Familien Sołłohub, Korzeniowski, Pociej und Oborski. Im 19. Jahrhundert im Besitz der Familie Orsetti, bekam es neogotische Fassaden und wurde mit einem malerischen Park umgeben. Das Schloß wurde bis 1945 bewohnt.

OTMUCHÓW (woj. opolskie). Zamek biskupów wrocławskich położony na wysokim wzgórzu na lewym brzegu Nysy Kłodzkiej. Wzniesiony prawdopodobnie już w końcu XIII w. Uległ zniszczeniu podczas wojen husyckich, po czym został odbudowany i ufortyfikowany. Z tego okresu pochodzi prostokątna wieża. W końcu XVI w. biskup Andrzej Jerina podjął przebudowę zamku na reprezentacyjną rezydencję. Po sekularyzacji księstwa biskupiego w 1820 r. przeszedł na własność Wilhelma von Humboldta.

OTMUCHÓW (Opole voi). The Wrocław bishops castle is located on an elevated hill on the left banks of the Nysa Kłodzka river. It was probably founded already at the end of the 13th century. Destroyed during the Hussite Wars, the castle was rebuilt and fortified. The rectangular tower comes from that period. At the end of the 16th century, bishop Andrzej Jerina reconstructed the castle changing it into a representational residence. After the secularization of the Bishops Principality, in 1820, Wilhelm von Humboldt became the castle's new owner.

OTMUCHÓW (voïvodie d'Opole). Château des évêques de Wrocław, situé sur une haute colline de la rive gauche de la Nysa Kłodzka. Sa construction remonte probablement à la fin du XIIIe. Détruit lors des guerres hussites, il fut ensuite reconstruit et fortifié. De cette époque date la tour rectangulaire. A la fin du XVIe l'évêque Andrzej Jerina entreprit de transformer le château en une élégante résidence. Après la sécularisation de la principauté épiscopale en 1820 il devint la propriété de Wilhelm von Humboldt.

OTTMACHAU (Woiwodschaft Opole). Schloß der Bischöfe von Breslau am linken Ufer der Glatzer Neiße. Eine Burg entstand an dieser Stelle vermutlich schon Ende des 13. Jahrhunderts. Infolge der Hussitenkriege wurde sie zerstört, danach wiederaufgebaut und fortifiziert. Aus dieser Zeit stammt ein viereckiger Turm. Ende des 16. Jahrhunderts begann Bischof Andrzej Jerian sie zu einem Renaissanceschloß umzubauen. Nach der Säkularisierung des Bistums wurde es Besitz von Wilhelm von Humboldt.

PIESKOWA SKAŁA (woj. krakowskie). Zamek królewski, następnie rycerski, położony na wysokim cyplu skalnym doliny Prądnika. Murowany zamek w miejsce drewnianego kazał wznieść Kazimierz Wielki. Od 1376 do 1608 r. był w rękach rodziny Szafrańców; wtedy to przebudowano go na wspaniałą renesansową rezydencję. Następny właściciel, Michał Zebrzydowski, wybudował na zamku kaplicę oraz dał mu nowe obwarowania bastionowe. Przebudowywany był w XVIII i XIX w. Dopiero prowadzone po II wojnie światowej prace remontowo-konserwatorskie przywróciły zamkowi blask renesansowej rezydencji Szafrańców.

PIESKOWA SKAŁA (Kraków voi). Initially the king's, later the knight's castle is located on a high rocky headland above the Prądnik Valley. The construction of a brick castle replacing a wooden stronghold was ordered by Kazimierz Wielki. It was later rebuilt as a magnificent Renaissance residence by the Szafraniec family. They owned the castle between 1376 and 1608. The next owner, Michał Zebrzydowski, added to the castle a chapel and new bastioned fortifications. After further changes were made in the 18th and the 19th century the beauty of the original Renaissance residence was reinstated only after World War II when conservation and reconstruction works were undertaken.

PIESKOWA SKAŁA (voïvodie de Cracovie). Château royal, puis féodal, situé sur un haut promontoire rocheux dans la vallée du Prądnik. Le château en maçonnerie, fut bâti sur l'ordre de Casimir le Grand à l'emplacement de l'ancien, en bois. De 1376 à 1608 il fut la propriété de la famille Szafraniec et transformé en une magnifique demeure du style Renaissance. Le propriétaire suivant, Michał Zebrzydowski, y construit une chapelle et entoura le château d'un nouveau système de bastions et de murailles. Il fut remanié au XVIII et XIXe siècles. Ce sont seulement les travaux de conservation et de reconstruction menés après la deuxième guerre mondiale qui ont rendu au château l'éclat de la demeure Renaissance des Szafraniec.

PRESKENSTEIN (Woiwodschaft Kraków). Königliche Burg, später Ritterschloß auf einer hohen Felsenspitze des Pradnik-Tales. Eine gemauerte Burg ließ hier anstelle einer Holzburg König Kasimir der Große erbauen. Von 1376 bis 1608 befand sie sich im Besitz der Familie Szafraniec, und wurde zu einem prächtigen Renaissanceschloß ausgebaut. Der nächste Besitzer Michał Zebrzydowski baute eine Schloßkapelle und neue Basteibefestigungen. Das Schloß wurde auch im 18. Jahrhundert und im 19. Jahrhundert umgebaut. Erst die nach dem II. Weltkrieg durchgeführten Instandsetzungsarbeiten haben dem Schloß seinen alten Glanz einer Renaissanceresidenz wiedergegeben.

RABSZTYN (woj. katowickie). Ruiny zamku rycerskiego położonego na skalnym cyplu Jury Krakowsko-Częstochowskiej. Początkowo był strażnicą królewską Kazimierza Wielkiego. Za panowania Władysława Jagiełły przeszedł na własność Spytka z Melsztyna, a następnie stał się własnością Toporczyków. W XV w. jego umocnienia dostosowano do używania broni palnej. Na początku XVII w. Zygmunt Myszkowski, kolejny właściciel, wzniósł reprezentacyjny zamek dolny, jako swą rezydencję. Spalony przez Szwedów w 1657 r. Na początku XIX w. popadł w ruinę.

RABSZTYN (Katowice voi). Ruins of the knight's castle, located on a rocky headland of the Jura Krakowsko-Częstochowska. Initially the castle served as a watch-fortress of King Kazimierz Wielki. During the reign of Władysław Jagiełło, the castle was owned by Spytko of Melsztyn, then by the Toporczyk family. Its defence system was adapted for the use of fire-arms in the 15th century. A lower castle was constructed by Zygmunt Myszkowski, the next owner of Rabsztyn, to serve as his residence. It burned down by the Swedes in 1657. Beginning of the 19th century it fell into ruin.

RABSZTYN (voïvodie de Katowice). Ruines du château féodal situé sur un promontoir rocheux du Jura de Cracovie-Częstochowa. Au début il constituait le beffroi royal de Casimir le Grand. Sous le règne de Ladislas Jagellon il devint la propriété de Spytko de Melsztyn, puis de la famille Toporczyk. Au XVe siècle ses fortifications furent adaptées à l'usage des armes à feu. Au début du XVIIe Zygmunt Myszkowski, propriétaire à son tour, construisit une avant-cour, pour y résider. Il est incendié par les Suédois en 1657. Au début du XIXe, il tomba en ruines.

RABSZTYN (Woiwodschaft Katowice). Ruine eines Ritterschlosses auf einer Felsenspitze des Jura von Krakau-Tschenstochau. Ursprünglich war es eine königliche Warte von Kasimir dem Großen. Zur Regierungszeit von Ladislaus Jagello wurde sie Besitz von Spytko von Melsztyn und danach von Familie Toporczyk. Im 15. Jahrhundert wurde ihr Verteidigungssystem an Feuerwaffen angepaßt. Anfang des 17. Jahrhunderts errichtete Zygmunt Mieszkowski das repräsentative untere Schloß als seine Residenz. Die Schloßanlage wurde 1657 durch schwedische Truppen gebrandschatzt. Anfang des 19. Jahrhunderts aufgegeben, verfiel sie immer mehr.

RADZYŃ CHEŁMIŃSKI (woj. toruńskie). Ruiny zamku krzyżackiego położonego na brzegu wyschniętego już dzisiaj jeziora. Prawdopodobnie murowany zamek zbudowano dopiero na początku XIV w. na miejscu wcześniejszego, drewniano-ziemnego grodu, który pozostawał w rękach Krzyżaków od 1234 r. Zamek przeznaczono na siedzibę komturii. Składał się z zamku głównego, którego ruiny stoją do dziś, a także dwóch przedzamczy. Po pokoju toruńskim w 1466 r. warownia przeszła w polskie ręce. Zamek ucierpiał w czasie wojny ze Szwedami w 1655–60. Po rozbiorze Polski władze pruskie zniszczyły go ostatecznie.

RADZYŃ CHEŁMIŃSKI (Toruń voi). Ruins of the Teutonic Order's castle, originally located on the shores of a lake which disappeared later. The construction of a brick castle took place probably at the turn of the 14th century in order to replace an earlier fortress made of wood and earth, belonging to the Teutonic Order since 1234. The new castle became the Teutonic Commander's seat. The complex consisted of the main castle and two homesteads. The ruins of the main castle remain till today. After the Peace Treaty of Toruń in 1466, the castle became Polish property and functioned as the royal Starost's residence. The castle was significantly damaged during the Swedish-Polish war of 1655–60 and was finally abandoned in the 18th century. After the partition of Poland, the Prussians destroyed the castle completely.

RADZYŃ CHEŁMIŃSKI (voïvodie de Toruń). Ruines du château teutonique situé jadis sur le bord d'un lac aujourd'hui asséché. Le château en maçonnerie ne fut bâti probablement qu'au début du XIVe siècle, à l'emplacement de la place forte en terre et en bois appartenant aux chevaliers teutoniques depuis 1234. Le château était destiné à être le siège du Grand-Maître. Il se composait du château principal, dont les ruines existent encore de nos jours, ainsi que de deux basses-cours. Après l'accord de Toruń en 1466 il devint propriété polonaise et siège des starostes. Il fut fortement endommagé au cours de la guerre contre les Suédois dans les années 1655–60, et abandonné au XVIIIe siècle. Après le partage de la Pologne il fut définitivement détruit par les autorités prussiennes.

REHDEN (Woiwodschaft Toruń). Ruine einer Burg des Deutschritterordens am Ufer eines heute ausgetrockneten Sees. Eine gemauerte Burg entstand hier vermutlich erst gegen Anfang des 14. Jahrhunderts. Der vorherige Wehrsitz aus Holz und Erdwällen gehörte schon seit 1234 dem Deutschritterorden. Dic Burg wurde zum Sitz einer Komturei bestimmt. Die Feste bestand aus Hauptburg, deren Ruinen bis jetzt erhalten sind, und zwei Vorburgen. Nach dem Thorner Frieden gelangte die Burg in polnischen Hände und wurde Sitz der Starosten. Sie wurde während der Kriege mit Schweden stark beschädigt und nach der Teilung Polens von den preußischen Behörden abgetragen.

RYDZYNA (woj. leszczyńskie). Bastionowa rezydencja magnacka położona wśród mokradeł na wschód od miasta. Pierwszy zamek wzniósł na początku XV w. Jan z Czernicy. W XVII w. został znacznie rozbudowany przez Rafała Leszczyńskiego; wtedy otrzymał fortyfikacje bastionowe. W XVIII w. Rydzyna stała się własnością rodziny Sułkowskich. W tym czasie dokonano kilku przebudów, likwidując założenia obronne. Spalony w 1945 r., został odbudowany w latach 1950–65.

RYDZYNA (Leszno voi). A bastionned magnate's residence located east of the city. The first castle was constructed in the middle of swamps, at the beginning of the 15th century by Jan of Czernica. In the 17th century, Rafał Leszczyński expanded the castle adding the bastionned fortifications. Since the 18th century, the Sułkowski family owned the castle. During that time, several reconstructions took place. As a result, the defensive character of the castle was lost. Burned down in 1945, the castle was rebuilt between 1950 and 1965.

RYDZYNA (voïvodie de Leszno). Résidence seigneuriale bastionnée, située à l'Est de la ville. Le premier château fut bâti, au milieu des marais, par Jan de Czernica, au début du XVe siècle. Au XVIIe, agrandi considérablement par Rafał Leszczyński, il fut doté de fortifications bastionnées. Au XVIIIe Rydzyna devint la propriété de la famille Sułkowski. A cette époque on procéda à quelques remaniements, qui ont ôté au château son caractère défensif. Incendié en 1945, il fut ensuite reconstruit en 1950–65.

RYDZYNA (Woiwodschaft Leszno). Magnatenrezidenz östlich der Stadt. Den ersten Sitz baute auf einem Sumpfgebiet Anfang des 15. Jahrhunderts Jan von Czernica. Im 17. Jahrhundert wurde das Schloß von Rafał Leszczyński bedeutend ausgebaut und mit Basteien versehen. Im 18. Jahrhundert befand sich Rydzyna im Besitz der Familie Sułkowski. Zu dieser Zeit wurden einige Umbauten vorgenommen. Unter anderem wurde das Verteidigungssystem des Schlosses abgetragen. Das Schloß brannte 1945 aus und ist in den Jahren 1950–1965 wiederaufgebaut worden.

SANDOMIERZ (woj. tarnobrzeskie). Zamek królewski położony na wysokim wzgórzu na lewym brzegu Wisły. Wzniesiony został na miejscu pierwotnego drewnianego grodu za czasów Kazimierza Wielkiego. Był niegdyś połączony z murami miejskimi. Przebudowa zamku gotyckiego na renesansową rezydencję miała miejsce za rządów króla Zygmunta Starego w latach 1520–26. Rozbudowa trwała jeszcze w końcu XVI w., a prowadził ją Santi Gucci. W 1656 r. Szwedzi wysadzili zamek w powietrze. Zachowało się tylko jedno jego skrzydło.

SANDOMIERZ (Tarnobrzeg voi). The royal castle, located on an elevated hill on the left bank of the Vistula river. It was constructed during the reign of Kazimierz Wielki in place of the original wooden fortress. In earlier times, the castle was connected to the city walls. Between 1520 and 1526, during the reign of Zygmunt Stary, the Gothic castle was reconstructed and changed into a Renaissance residence. The works, conducted by Santi Gucci, lasted until the end of the 16th century. In 1656 the Swedes blew up the castle. Today, only one of its wings remains.

SANDOMIERZ (voïvodie de Tarnobrzeg). Château royal situé sur un promontoire de la rive gauche de la Vistule. Il fut érigé à l'emplacement d'une ancienne place forte en bois pendant le règne de Casimir le Grand. Il était jadis relié aux murs qui protégeaient la ville. Les travaux durant lesquels on transforma le château gothique en résidence du style renaissance eurent lieu sous le règne de Sigismond le Vieux, entre 1520 et 1526. On l'agrandit encore à la fin du XVIe, sous la direction de Santi Gucci. En 1656 les Suédois dynamitèrent le château. Il ne reste qu'une aile.

SANDOMIR (Woiwodschaft Tarnobrzeg). Königliches Schloß auf einem hohen Hügel am Weichselufer. Ursprünglich wurde eine gemauerte Burg an der Stelle einer Holzburg zur Zeit der Herrschaft von Kasimir dem Großen erbaut. Damals war sie mit der Stadtmauer verbunden. In den Jahren 1520–1526, zur Zeit von Sigismund dem Alten, wurde die gotische Burg zu einem Residenzschloß im Renaissancestil umgebaut. Die Umbauarbeiten dauerten noch bis zum Ende des 16. Jahrhunderts und wurden zu dieser Zeit von Santi Gucci geleitet. Im Jahre 1656 wurde das Schloß durch schwedische Truppen in die Luft gesprengt. Nur ein Flügel des Schlosses blieb bis in unsere Zeit bestehen.

SIEWIERZ (woj. katowickie). Ruiny zamku książęcego, później biskupiego, położonego wśród podmokłych rozlewisk rzeki Czermy. Pierwotnie wznosił się tu gród drewniany. Zakupiony w 1443 r. przez Zbigniewa Oleśnickiego, stał się własnością biskupów krakowskich. Dopiero oni zapoczątkowali w końcu XV w. budowę murowanej siedziby, znacznie rozbudowanej w drugiej połowie XVI w. Opuszczony w XVIII stuleciu powoli popadał w ruinę.

SIEWIERZ (Katowice voi). Ruins of the prince's and the bishop's castle located in the middle of the swampy overflows of the Czerma river. Originally a wooden fortress, the castle was purchased in 1443 by Zbigniew Oleśnicki and became the Kraków bishops property. At the turn of the 15th century the bishops began the brick construction. The castle was greatly expanded in the second half of the 16th century. Deserted in the 18th century, the site slowly fell into ruin.

SIEWIERZ (voïvodie de Katowice). Ruine du château des princes, puis des évêques, situé dans les ramifications humides de la rivière Czerma. Primitivement il s'y trouvait à cet endroit une place forte en bois. Acheté en 1443 par l'évêque Zbigniew Oleśnicki, il devint la propriété des évêques de Cracovie. Ceux-ci commencèrent, vers la fin du XVe siècle, la construction de leur résidence en maçonnerie, agrandie ensuite dans la deuxième moitié du XVIe. Abandonné au XVIIIe, il tombait peu à peu en ruine.

SIEWIERZ (Woiwodschaft Katowice). Ruine eines fürstlichen, später bischöflichen Schlosses auf dem sumpfigen Flußgebiet von Czerma. Ursprünglich befand sich an dieser Stelle eine hölzerne Burg. Sie wurde im Jahre 1443 von Zbigniew Oleśnicki gekauft und gelangte auf diese Weise in den Besitz der Bischöfe von Krakau. Erst am Ende des 15. Jahrhunderts wurde der Bau eines gemauerten Schlosses begonnen, das in der zweiten Hälfte des 16. Jahrhunderts bedeutend ausgebaut wurde. Im 18. Jahrhundert hat man es verlassen, und es verfiel langsam zur Ruine.

SŁUPSK (m. wojewódzkie). Zamek książęcy położony w południowo-wschodniej części miasta. Zbudowany został w 1507 r. przez księcia Bogusława X. Wbudowany był w system obronny murów miejskich z częścią posadowioną w fosie. W latach 1580–87 przebudowany został przez księcia Jana Fryderyka. Zdewastowany w pierwszej połowie XIX w. przez władze pruskie.

SŁUPSK (Słupsk voi). The prince's castle, located in the south-eastern part of the city. It was founded in 1507 by Prince Bogusław X. The castle constituted a part of the town walls with one segment of the complex located in a moat. Between 1580 and 1587 the Prince Jan Fryderyk reconstructed the castle but, in the first half of the 19th century it was devastated by the Prussians.

SŁUPSK (chef-lieu de voïvodie). Château des princes, situé dans la partie sud-est de la ville. Construit en 1507 par le prince Bogusław X. Il se trouvait à l'intérieur des fortifications, dont une partie située dans le fossé. De 1580 à 1587 reconstruit par le prince Jan Fryderyk, il fut dévasté à la première moitié du XIXe par les autorités prussiennes.

STOLP (Woiwodschaftsstadt). Herzogliches Schloß im südöstlichen Teil der Stadt. Das Schloß wurde im Jahre 1507 durch Boguslaus X. erbaut. Es befand sich auf der Stadtmauerlinie, teilweise im Wassergraben. In den Jahren 1580–1587 wurde es vom Herzog Johannes Friedrich umgebaut und in der ersten Hälfte des 19. Jahrhunderts durch preußische Behörden verunstaltet.

ŚWIDWIN (woj. koszalińskie). Zamek pierwotnie książęcy, później rycerski, położony na lewym brzegu rzeki Regi. Pochodzi z początków XIV w. W latach 1319–89 w rękach rodu Wedlów, później kupiony przez Krzyżaków. W 1445 r. stał się ponownie własnością margrabiów brandenburskich. W 1540 r. został przekazany zakonowi joannitów. Po sekularyzacji zakonu służył pruskim urzędom.

ŚWIDWIN (Koszalin voi). Located on the left banks of the Rega river, the castle was built in the early 14th century. Originally the prince's castle, later it belonged to the knights. During the period of 1319 to 1389, the Wedel family lived in the castle and later sold it to the Teutonic knights. In 1445 the castle was owned by the Margrave of Brandenburgia, who, in 1540, gave it to the Knights of St. John of Jerusalem Order. After the order's secularization, the castle was used by the Prussian administration.

ŚWIDWIN (voïvodie de Koszalin). Château des ducs, puis des chevaliers, situé sur la rive gauche de la Rega. Il date dès début du XIVe. Propriété de la famille Wedel entre 1319 et 1389 il fut ensuite acheté par les chevaliers teutoniques. En 1445 il redevint la propriété des margraves de Brandenbourg et en 1540 il fut cédé à l'ordre des Joannites. Après la sécularisation de cet ordre il abrita les bureaux de l'administration prussienne.

SCHIVELBEIN (Woiwodschaft Koszalin). Ursprünglich herzogliche, danach ritterliche Burg auf dem linken Ufer der Rega. Die Anlage entstand Anfang des 14. Jahrhunderts. In den Jahren 1319–1389 im Besitz der Familie Wedel, danach wurde sie durch den Deutschritterorden gekauft. Ab 1445 war sie Eigentum der Markgrafen von Brandenburg. Im Jahre 1540 wurde sie den Johannitern übergeben. Nach der Säkularisierung des Ordens diente sie den preußischen Behörden.

ŚWIECIE (woj. bydgoskie). Ruiny zamku krzyżackiego położonego na prawym brzegu Wisły. Zamek wzniesiony został w pierwszej połowie XIV w. na miejscu zdobytego i zniszczonego grodu drewniano-ziemnego. Zespół warowny składał się z zamku właściwego, przedzamcza i miasta. Zamek był siedzibą komturii. Swoim założeniem obronnym odbiegał od innych zamków krzyżackich. W XIX w., ze względu na liczne powodzie, okoliczne osady przeniosły się na lewy brzeg Wisły. Z zamku zostały tylko ruiny.

ŚWIECIE (Bydgoszcz voi). Ruins of the Teutonic Order's castle, located on the right bank of the Vistula river. It was built during the first half of the 14th century in place of the wood and earth fortress which was earlier conquered and destroyed. The castle complex included: a homestead, a town, and the main castle where the Teutonic Commanders resided. Its defence design was different from any of the other Teutonic castles. Due to frequent floods, the surrounding villages moved later on to the left side of the Vistula river. Today, only ruins remain.

ŚWIECIE (voïvodie de Bydgoszcz). Ruines du château teutonique situé sur la rive droite de la Vistule. Le château fut construit dans la première moitié du XIVe siècle à l'emplacement d'une place forte en bois et en terre, conquise puis détruite. L'ensemble fortifié se composait du château principal, d'une basse-cour et de la ville. Le château était le siège du Grand Maître. Il différait des autres châteaux teutoniques par sa conception de défense. Au XIXe, à cause des nombreuses inondations, les bourgades voisines se sont déplacées sur la rive gauche de la Vistule. Du château, il ne reste que des ruines.

SCHWETZ (Woiwodschaft Bydgoszcz). Ruine einer Burg des Deutschritterordens am rechten Weichselufer. Die Burg wurde in der ersten Hälfte des 14. Jahrhunderts an der Stelle einer eroberten Befestigung erbaut. Die Festungsanlage bestand aus der Hauptburg, der Vorburg und der Stadt. Sie wurde Sitz einer Komturei. Ihr Verteidigungssystem unterschied sich von anderen Burgen des Deutschritterordens. Infolge zahlreicher Überflutungen wurden im 19. Jahrhundert die Siedlungen um die Burg ans rechte Weichselufer verlegt. Von der Festung blieben nur Ruinen erhalten.

SZYDŁOWIEC (woj. radomskie). Zamek rycerski położony na wyspie wśród mokradeł rzeczki Korzeniówki. Został zbudowany w połowie XV w. przez Stanisława Szydłowieckiego. W latach 1509–32 Mikołaj Szydłowiecki przekształcił zamek średniowieczny w rezydencję renesansową. Od 1547 r. znajdował się w rękach Radziwiłłów, a następnie Sapiehów. W 1828 r. Anna Spieżyna odsprzedała zamek rządowi Królestwa Polskiego.

SZYDŁOWIEC (Radom voi). The knight's castle located on an island among marshes. It was built in the mid-15th century, by Stanisław Szydłowiecki. Between 1509 and 1532, Mikołaj Szydłowiecki reconstructed the medieval castle changing it into a Renaissance residence. From 1547 the castle was owned firstly by the Radziwiłł then by the Sapieha family. In 1828, Anna Sapieżyna sold the castle to the government of the Kingdom of Poland.

SZYDŁOWIEC (voïvodie de Radom). Château des chevaliers, situé sur une île au milieu de marais; construit vers le milieu du XVe par Stanislas Szydłowiecki. Dans les années 1509–32 Mikołaj Szydłowiecki transforma le château médiéval en une demeure Renaissance. Il fut à partir de 1547 propriété de la famille Radziwiłł, puis des Sapieha. En 1828 Anna Sapieżyna revendit le château au gouvernement du Royaume Polonais.

SZYDŁOWIEC (Woiwodschaft Radom). Ritterschloß auf einer Insel inmitten eines Sumpfgeländes. Eine mittelalterliche Burg wurde an dieser Stelle in der Mitte des 15. Jahrhunderts von Stanisław Szydłowiecki erbaut. In den Jahren 1509–1532 baute Mikołaj Szydłowiecki sie zu einem Renaissanceschloß um. Seit 1547 war es im Besitz der Familie Radziwiłł und danach der Familie Sapiecha. Im Jahre 1828 verkaufte Anna Sapiecha das Schloß der Regierung Kongreßpolens.

SZYDŁÓW (woj. kieleckie). Ruiny zamku królewskiego, znajdującego się niegdyś w obrębie murów miejskich. Zarówno zamek, jak i miejskie mury obronne wzniesione zostały za panowania króla Kazimierza Wielkiego. Zamek przebudowywany był w pierwszej połowie XVI w. Zniszczony w połowie XVII w. przez wojska szwedzkie i pożary odbudowany został za sprawą starosty Józefa Załuskiego w 1723 r. Jednak już pod koniec wieku opuszczony i powoli niszczejący.

SZYDŁÓW (Kielce voi). Ruins of the royal castle, located in the past within the city walls. Both, the walls and the castle were built during the reign of Kazimierz Wielki. The castle was rebuilt in the first half of the 16th century. After the fires and destruction caused by the Swedish army in the mid-17th century, the castle was rebuilt again by the Starost, Józef Załuski. Abandoned by the end of the same century, it slowly started falling into decay.

SZYDŁÓW (voïvodie de Kielce). Ruines du château royal qui se trouvait jadis dans l'enceinte des murs de la ville. Le château et les murs fortifiés furent construits sous le règne de Casimir le Grand. Le château fut restauré pendant la première moitié du XVIe. Détruit au milieu du XVIIe par les troupes suédoises et par des incendies, il fut reconstruit grâce à l'initiative du staroste Józef Załuski en 1723. Cependant vers la fin du siècle il fut abandonné et se dégrada lentement.

SZYDŁÓW (Woiwodschaft Kielce). Ruine einer königlichen Burg, ursprünglich innerhalb der Stadtmauer. Burg und Stadtmauer wurden zur gleichen Zeit in den Regierungsjahren von Kasimir dem Großen erbaut. Die Burg wurde in der ersten Hälfte des 16. Jahrhunderts umgebaut. Mitte des 17. Jahrhunderts durch schwedische Truppen und Brände zerstört, wurde sie durch den Starosten Józef Załuski im Jahre 1723 wiederaufgebaut, doch schon um die Jahrhundertwende verlassen und verfiel langsam zur Ruine.

SZYMBARK (woj. olsztyńskie). Ruiny zamku biskupiego, później rycerskiego, położonego nad Jeziorem Szymbarskim. Murowany zamek, dla proboszcza katedry kwidzyńskiej, został zbudowany około 1380 r. Charakteryzował się dużą powierzchnią otoczonego murem dziedzińca. Wieże narożne nadbudowano w XV w. W 1532 r. zamek przeszedł w ręce rodziny Polentzów, która rozbudowała go jako rycerską siedzibę. Od końca wieku XVII znajdował się w posiadaniu członków rodziny Finck von Finckenstein. Oni to dokonywali dalszych zmian: wznieśli murowany pomost przed bramą wjazdową i w XIX w. nadali swej rezydencji neogotycki wystrój. Zamek zamieszkany był przez rodzinę Finck von Finckenstein do 1945 r.

SZYMBARK (Olsztyn voi). Ruins of the bishop's and later the knight's castle located on the shores of the Szymbarskie Lake. This brick castle was built around 1380 for the parish priest of the Kwidzyn cathedral. The large size of the courtyard surrounded by the walls was characteristic of the castle. The corner towers were added in the 15th century. In 1532 it became the property of the Polentz family who developed the castle into the knight's residence. Since the end of the 17th century it was further expanded by the Finck von Finckenstein family. The new owners constructed a brick bridge leading through the entrance gate, and in the 19th century the castle was given a neo-gothic decoration. The same family lived in the castle until 1945.

SZYMBARK (voïvodie d'Olsztyn). Ruines du château des évêques, puis des chevaliers, situé au bord du lac de Szymbark. Ce château en maçonnerie fut construit vers 1380 par le curé de la cathédrale de Kwidzyn. Il se caracterise par une très vaste cour, entourée d'une muraille. Les tours d'angles furent construites au XVe siècle. En 1532 le château devint la propriété de la famille Polentz, qui l'agrandit, et en fit sa demeure. Famille Finck von Finckenstein en devint proprietaire à la fin du XVIIe siècle. De cette époque date le pont en maçonnerie devant le portail d'entrée et, le XIXe a donné un aspect néogothique à la résidence. La famille Finck von Finkenstein y habita jusqu'en 1945.

CHARLOTTENWERDER (Woiwodschaft Olsztyn). Ruine einer Burg der Bischöfe, später Ritterschloß, an einem See desselben Namens. Die gemauerte Burg entstand um 1380 für den Pfarrherren des Marienwerder Domes. Sie charakterisiert sich durch einen großen ummauerten Innenhof. Die Ecktürme wurden im 15. Jahrhundert erhöht. Im Jahre 1532 ging die Burg in die Hände der Familie Polenz über und wurde als Ritterschloß ausgebaut. Seit dem ausgehenden 17. Jahrhundert war es im Besitz der Familie Finck von Finckenstein. Es folgten weitere Umbauten: eine Brücke vor dem Einfahrtstor und im 19. Jahrhundert eine Ausschmückung im neogotischen Stil. Die Familie Finck von Finckenstein bewohnte diese Residenz bis zum Jahre 1945.

TENCZYN (woj. nowosądeckie). Ruiny zamku rycerskiego położonego na wysokim wzgórzu we wsi Rudno. Jego budowę rozpoczął prawdopodobnie Andrzej Tęczyński około 1350 r. Prace prowadzone w połowie XVI w. nadały mu charakter renesansowej rezydencji magnackiej; wówczas to otrzymał fortyfikacje bastejowe. Spalony przez Szwedów w 1656 r., został odbudowany przez Lubomirskich. Opuszczony w połowie XVIII w. popadł w ruinę.

TENCZYN (Nowy Sącz voi). Ruins of the knight's castle located on a hill in the village of Rudno. Its construction began around 1350 and was probably executed by Andrzej Tęczyński. In the mid-16th century, the castle was reconstructed and changed into a magnate's residence in a Renaissance style. The bastion-type fortifications were built at that time. Burned down by the Swedes in 1656, the castle was rebuilt by the Lubomirski family. Abandoned in the mid-18th century the castle slowly turned into ruins.

TENCZYN (voïvodie de Nowy Sącz). Ruines du château des chevaliers situé sur une haute colline au village de Rudno. Sa construction fut probablement commencée par Andrzej Tęczyński, vers 1350. Il fut considérablement transformé au milieu du XVIe pour devenir une demeure seigneuriale du style renaissance avec des fortifications bastionnées. Incendié par les Suédois en 1656, reconstruit par les Lubomirski. Abandonné au milieu du XVIIIe, il tomba en ruines.

TENCZYN (Woiwodschaft Nowy Sącz). Ritterschloß auf einem hohen Hügel im Dorf Rudno. Den Bau einer Burganlage begann vermutlich Andrzej Tęczyński um 1350. Mitte des 16. Jahrhunderts wurde sie zu einer Magnatenresidenz im Renaissancestil umgebaut. Aus dieser Zeit stammen die Basteifortfikationen. Das Schloß wurde durch schwedische Truppen im Jahre 1656 gebrandschatzt und danach von der Familie Lubomirski wiederaufgebaut. Es wurde Mitte des 18. Jahrhunderts aufgegeben und verfällt immer mehr.

TORUŃ (m. wojewódzkie). Ruiny zamku krzyżackiego położonego na prawym brzegu Wisły, pomiędzy Starym i Nowym Miastem. Zamek drewniany wznieśli Krzyżacy już w pierwszej połowie XIII w. Budowę zamku murowanego rozpoczęli w 1255 r. Ciągnęła się ona wiele lat; w tym czasie przeprowadzono regulację systemu wodnego. Stojące do dziś tzw. gdanisko pochodzi z końca XIII w. Zamek został zniszczony przez toruńskich mieszczan w czasie wojny trzynastoletniej w 1454 r. Od tego czasu jest w ruinie.

TORUŃ (Toruń voi). Ruins of the Teutonic Order's castle, located on the right banks of the Vistula river, between the Old and the New Town. A timber castle was built by the Teutonic Order already in the first half of the 13th century. In 1255, the brick construction started and lasted for many years. During that time the regulation of the water system took place. The latrine tower, called „gdanisko", which has been preserved till today, was constructed at the end of the 13th century. The castle was destroyed by the citizens of Toruń in 1454, during the Thirteen Years War. Ever since, only ruins remain.

TORUŃ (chef-lieu de voïvodie). Ruines du château teutonique, situé sur la rive droite de la Vistule, entre la Vieille et la Nouvelle Ville. Le château en bois fut bâti par les chevaliers teutoniques dans la première moitié du XIIIe siècle. La construction du château en maçonnerie commença en 1255 et dura de longues années, étant liée, e. a., aux aménagements du système des eaux. Le „gdanisko" (tour des latrines), partie conservée jusqu'à nos jours, date de la fin du XIIIe. Le château fut détruit par les bourgeois de Toruń lors de la Guerre de Treize Ans, en 1454. En ruine depuis ce temps.

THORN (Woiwodschaftsstadt). Ruine eines Ordensschlosses am rechten Weichselufer zwischen Altstadt und Neustadt. Eine Holzburg hatten die Ordensritter schon in der ersten Hälfte des 13. Jahrhunderts an dieser Stelle erbaut. Den langjährigen Bau einer gemauerten Anlage, der mit einer Regulierung der Wasserläufe verbunden war, haben sie im Jahre 1255 begonnen. Der bis heute stehende Danzker stammt aus dem ausgehenden 13. Jahrhundert. Das Ordensschloß wurde während des Dreizehnjährigen Krieges 1454 von Thorner Bürgern zerstört; seit dieser Zeit nur noch als Ruine erhalten.

TUCZNO (woj. pilskie). Zamek rycerski położony między jeziorami Tuczno i Zamkowym. Wzniesiony w pierwszej połowie XIV w. przez rodzinę Wedlów. Od 1368 r. w granicach Polski. W 1542 r. Stanisław Tuczyński znacznie przebudował zamek nadając mu charakter renesansowej rezydencji. Po spaleniu w 1945 r. został odbudowany.

TUCZNO (Piła voi). The knight's castle, located in between the Tuczno and the Zamkowe lakes. It was erected during the first half of the 14th century by the Wedel family. The castle has lain within Polish borders since 1368. Reconstructed by Stanisław Tuczyński, the castle acquired the character of a Renaissance residence. Burned down in 1945, the palace was rebuilt after World War II.

TUCZNO (voïvodie de Piła). Château des chevaliers situé entre le lac Tuczno et le lac Zamkowy. Erigé dans la première moitié du XIVe par la famille Wedel. A partir de 1368 il se trouve dans les confins de la Pologne. En 1542 Stanisław Tuczyński le reconstruisit en lui donnant le caractère d'une demeure Renaissance. Le château brûla en 1945 et fut rebâti après la guerre.

TÜTZ (Woiwodschaft Piła). Ritterschloß zwischen dem Tützer See und dem Schloßsee. Die Anlage wurde in der ersten Hälfte des 14. Jahrhunderts durch die Familie Wedel erbaut. Seit 1368 befindet sie sich auf polnischem Gebiet. Im Jahre 1542 baute Stanisław Tuczyński sie zu einem Renaissanceschloß aus. Im Jahre 1945 brannte das Schloß nieder und ist nach dem Kriege wiederaufgebaut worden.

WARSZAWA. Zamek królewski, położony na lewym brzegu Wisły, odbudowany w latach siedemdziesiątych XX w. Do 1526 r. był siedzibą książęcą, a następnie królewską. Od 1569 do 1794 r. był także miejscem obrad sejmu Rzeczypospolitej. W latach 1927–39 rezydował na zamku prezydent RP. Początki murowanego zamku sięgają pierwszej połowy XIV w. Powstał on prawdopodobnie równocześnie z murami miejskimi. Wielka rozbudowa zamku na siedzibę królewską miała miejsce za panowania Zygmunta III Wazy. Przy pracach zatrudnieni byli między innymi Jan Trevano i Mateusz Castello. Po pożarze w 1767 r. Stanisław August Poniatowski przeprowadził odbudowę wznosząc klasycystyczną rezydencję. Zamek, spalony w 1939 r., został wysadzony w powietrze w 1944 r.

WARSAW. Reconstructed during the 1970's, the Royal Castle is located on the left banks of the Vistula river. The prince's residence until 1526, the castle became later the king's seat. Between 1569 and 1794 the castle was also used for the Polish Sejm (Parliament) meetings, and between 1927 and 1939 the President of Poland resided there. The brick castle was built in the first half of the 14th century. Most probably it was constructed together with the city walls. A major expansion of the royal residence took place during the reign of Zygmunt III Waza. Among the builders of the castle were Jan Trevano and Mateusz Castello. After a fire in 1767 Stanisław August Poniatowski reconstructed the castle and erected a classicistic residence. The castle was burned down in 1939 and blown up by the Germans in 1944.

VARSOVIE. Château royal, situé sur la rive gauche de la Vistule. Jusqu'en 1526 il fut la demeure des princes, ensuite des rois. De 1569 à 1794 ce fut le siège de la Diète. Il fut la résidence du Président de la République Polonaise entre 1927 et 1939. Le début de la construction du château en maçonnerie date de la première moitié du XIVe siècle. Il fut construit probablement en même temps que les murs qui fortifiaient la ville. L'agrandissement du château pour en faire la résidence des rois eut lieu sous le règne de Sigismond III Vasa. Les travaux furent exécutés entre autres par Jan Trevano et Mathieu Castello. Après l'incendie de 1767, le roi Stanislas Auguste Poniatowski le fit reconstruire et transformer en une demeure classique. Le château fut incendié en 1939 et dynamité en 1944. Entièrement detruit, il fut reconstruit dans les années 70.

WARSCHAU. Schloß der Könige von Polen am linken Weichselufer. Bis zum Jahre 1526 war es Sitz der masowischen Herzoge und danach der polnischen Könige. Von 1569 bis 1794 tagte hier auch das polnische Parlament, und in Jahren 1927–1939 residierte hier der Präsident von Polen. Eine gemauerte Burg wurde an dieser Stelle in der ersten Hälfte des 14. Jahrhunderts, vermutlich gleichzeitig mit der Stadtmauer, gebaut. Der große Umbau zum königlichen Schloß vollzog sich während der Regierungszeit von Sigismund III. Wasa. Bei den Arbeiten wirkten u.a. Giovanni Trevano und Mateo Castello mit. Nach dem Brand im Jahre 1767 unternahm König Stanislaus August Poniatowski einen Wiederaufbau in klassizistischem Stil. Das Schloß brannte 1939 aus und wurde im Jahre 1944 in die Luft gesprengt. Nach dem II. Weltkrieg ist es in den siebziger Jahren wiederaufgebaut worden.

WIŚNICZ (woj. tarnowskie). Zamek bastionowy położony na górującym nad miastem wzgórzu. Pierwotna siedziba Kmitów pochodzi z pierwszej połowy XIV w. W 1593 r. zamek został kupiony przez Sebastiana Lubomirskiego. W rękach tej rodziny znajdował się do 1720 r. Następnie zmieniał właścicieli, by w 1901 r. stać się zbiorową własnością rodu Lubomirskich. Przebudowywany w pierwszej połowie XVII w., otrzymał fortyfikacje bastionowe, na planie pięciokąta. Zamieszkany nieprzerwanie do 1945 r.

WIŚNICZ (Tarnów voi). A bastionned castle, located on a hill overlooking the city. Originally founded in the first half of the 14th century as the Kmita residence. Sebastian Lubomirski bought the castle in 1593 and his family maintained the ownership until 1720. After that date, the owners changed frequently until the Lubomirski family bought the property once again. In the first half of the 17th century, during its reconstruction, the castle acquired the pentagonal bastionned fortifications. It was inhabited until 1945.

WIŚNICZ (voïvodie de Tarnów). Château bastionné situé sur une colline qui surplombe la ville. Résidence ancestrale des Kmita, il date de la première moitié du XIVe. En 1593 il fut acheté par Sebastien Lubomirski, dont la famille le possèda jusqu'en 1720. Puis il changea de propriétaires et devint, en 1901, à nouveau la propriété collective de la famille Lubomirski. Renové dans la première moitié du XVIIe, on lui ajouta des remparts bastionnés, selon un plan pentagonal. Il fut habité jusqu'en 1945.

WIŚNICZ (Woiwodschaft Tarnów). Basteischloß auf einem Hügel über der Stadt.
Der ursprüngliche Sitz von Familie Kmita stammt aus der ersten Hälfte des 14. Jahrhunderts und wurde im Jahre 1593 von Sebastian Lubomirski gekauft. Im Besitz dieser Familie befand sich das Schloß bis zum Jahr 1720. Danach wechselte es seine Besitzer, um im Jahre 1901 gemeinsames Eigentum der ganzen Familie zu werden. In der ersten Hälfte des 17. Jahrhunderts wurde die Anlage umgebaut und mit einem fünfeckigen Basteibefestigungssystem ausgestattet. Das Schloß war ununterbrochen bis zum Jahre 1945 bewohnt.

WOJNOWICE (woj. wrocławskie). Zamek nawodny otoczony fosą – podwrocławska rezydencja mieszczańska. Wzniesiony w XIV w. przez rycerza Jana Skoppa, był następnie własnością różnych rodzin. W 1513 r. kupił go mieszczanin Mikołaj Schebitz, który zapoczątkował budowę nowej rezydencji podmiejskiej, dokończoną przez Jakuba Bonera. Stale zamieszkany do 1945 r.

WOJNOWICE (Wrocław voi). An aquatic castle surrounded by a moat. This burgher's residence is located near the city of Wrocław. Erected in the 14th century by Jan Skopp, the castle belonged to various families. In 1513 it was bought by a burgher, Mikołaj Schebitz who probably initiated the construction of a new suburbian residence. The works were finished later by Jakub Boner. The castle was occupied until 1945.

WOJNOWICE (voïvodie de Wrocław). Château entouré de douves, résidence secondaire des bourgeois de Wrocław. Edifié au XIVe par le chevalier Jan Skopp, il devint la propriété de diverses familles. En 1513 le bourgeois Mikołaj Schebitz, l'acheta et commença la construction d'une résidence neuve terminée par Jakub Boner. Habité jusqu'en 1945.

WOHNWITZ (Woiwodschaft Wrocław). Wasserschloß umgeben von einem Graben, bürgerliche Residenz in der Nähe von Breslau. Die Anlage hat im 14. Jahrhundert Ritter Hans von Skoppa erbaut. Sie gehörte später verschiedenen Familien. Im Jahre 1513 wurde sie von dem Bürger Nikolaus Schebitz erworben, der vermutlich den Bau einer neuen Vorstadtsresidenz angefangen hat. Das Schloß wurde von Jakob Bonner beendet. Es wurde ununterbrochen bis 1945 bewohnt.

UJAZD (woj. tarnobrzeskie). Ruiny bastionowego zamku Krzyżtopór. Zamek zbudował w latach 1621–44 Krzysztof Ossoliński. Mimo imponującego założenia obronnego, twierdza ujazdowska została podstępnie zdobyta i zniszczona przez wojska szwedzkie w 1655 r. Od tego czasu stopniowo chyliła się ku upadkowi. Opuszczona ostatecznie w końcu XVIII w., stanowi dziś największą ruinę spośród ufortyfikowanych rezydencji magnackich w Polsce.

UJAZD (Tarnobrzeg voi). Ruins of a bastionned castle called „Krzyżtopór". It was built between 1621 and 1644 by Krzysztof Ossoliński. Despite its impressive defence system, the castle was destroyed by the Swedish army in 1655. Since then, the castle was gradually felling. Ultimately abandoned at the end of the 18th century, these are the biggest ruins of a fortified magnate's residence to be found in Poland.

UJAZD (voïvodie de Tarnobrzeg). Ruines du château bastionné Krzyżtopór, construit en 1621–44 par Krzysztof Ossoliński. Malgré un système défensif imposant, la forteresse d'Ujazd fut perfidement prise d'assaut, et détruite par les troupes suédoises en 1655. Ensuite elle se dégrada peu à peu. Définitivement abandonnée à la fin du XVIIIe, elle constitue de nos jours le plus grand ensemble de ruines de résidence seigneuriale fortifiée en Pologne.

UJAZD (Woiwodschaft Tarnobrzeg). Ruine des Basteischlosses Krzyżtopór. Das Schloß wurde in den Jahren 1621–1644 von Krzysztof Ossoliński erbaut. Trotz des imposanten Verteidigungssystems wurde die Festung im Jahre 1655 durch eine List von schwedischen Truppen erobert. Seit dieser Zeit verfiel sie langsam, um Ende des 18. Jahrhunderts endgültig verlassen zu werden. Sie ist die größte Ruine einer Magnatenresidenz in Polen.

Wydanie pierwsze
Editions Spotkania
Warszawa, ul. Chłodna 29

Skład: Phototext, Warszawa
Druk: E.L.A. SERVICE, Madrid

Słupsk
Bytów
Świdwin
Gniew
Kwidzyn
Świecie
Radzyń Chełmiński
Tuczno
Toruń
Międzyrzecz
Oporów
Rydzyna
Gołuchów
Brzeg
Oleśnica
Wojnowice
Czocha
Grodziec
Olsztyn
Chojnik
Bolków
Kamieniec Ząbkowicki
Książ
Będzin
Rabsztyn
Otmuchów
Moszna